KB205719

처음 선교사

아펜젤러

김석영 지음

kmc

처음 선교사
아펜젤러

초판 1쇄   2011년 1월 5일
       2쇄   2011년 4월 25일

김석영 지음

발 행 인 | 신경하
편 집 인 | 손인선

펴 낸 곳 | 도서출판 kmc
등록번호 | 제2-1607호
등록일자 | 1993년 9월 4일

(100-101) 서울특별시 중구 태평로1가 64-8 감리회관 16층
(재)기독교대한감리회 출판국

대표전화 | 02-399-2008, 02-399-4365(팩스)
홈페이지 | http://www.kmcmall.co.kr
           http://www.kmc.or.kr

디자인 · 인쇄 | 리더스 커뮤니케이션 02)2123-9996/7

값 11,000원
ISBN 978-89-8430-507-6 03230

헨리 게르하르트 아펜젤러(Henry G. Appenzeller)는 조선에 온 문명의 개척자로, 세계 감리교회사상 불후의 이름을 남긴 위대한 선교사다. 하나님의 영광을 위해 예수의 복음을 전파하는 데 온 생애를 바친 그의 열정과 헌신은 감탄과 눈물을 자아내기에 충분하다. 조선 반도를 좁다 하고 종횡무진 선교 활동에 나섰던 그의 행적이야말로 조선에 뿌린 복음의 씨앗이요, 한국 감리교회의 놀랄 만한 발전을 가져온 원동력이 되었음은 누구도 부인하지 못할 것이다.

지금도 많은 한국 사람들의 존경과 사랑을 받는 아펜젤러는 우리의 기억 속에 살아 있다. 이는 은둔의 나라 조선 사람들을 껴안은 그의 형제애 때문만이 아니라 원대한 꿈을 안고 조선의 복음화에 헌신했으나 끝까지 꿈을 펴지 못한 채 애석하게 요절한 비통함 때문이기도 하다. 이제 그의 방대하고도 높은 공적을 추적함에 있어서 무엇보다도 송구스러운 마음이 앞선다.

이 책이 널리 보급되어 그 옛날 아펜젤러가 실천한 그리스도의 사랑과 마지막 순간까지 죽음을 두려워하지 않고 헌신했던 거룩한 정신이 밝히 드러나 한국교회에 귀감이 되었으면 하는 바람이 간절하다. 이 책이 나오기까지 감리회 본부와 배재박물관, 정동제일교회, 그리고 배재학당의 김종설 선생이 자료 수집에 큰 도움을 주었다. 또한 원고 내용을 감수해 주신 임춘희 목사님과 출판국 편집진의 세심한 배려에 진심으로 감사를 드린다.

아무쪼록 이 책이 6천 감리교회 160만 성도뿐 아니라 6만 한국교회 1천만 성도들의 가슴속에 작은 불씨가 되어 21세기 세계 선교에 쓰임받기를 기도한다.

김석영 장로

일러두기

1. 헨리 게르하르트 아펜젤러(Henry G. Appenzeller)의 이름 표기에 있어서 목사 안수를 받기 전까지는 헨리로, 안수를 받고 선교사로 파송된 이후는 아펜젤러로 표기했다.

2. 국가 이름 표기에 있어서, 아펜젤러 활동 기간의 일을 언급할 경우에는 조선으로, 사후의 일에 관한 것에는 한국으로 표기했다.

3. 1장은 출생에서 사망에 이르기까지를 약전(略傳)의 형식으로 서술하였다. 그러므로 내용상 중복되는 부분도 있다.

4. 2장에서 8장까지는 아펜젤러의 생애를 연대순으로 기술했다.

5. 9장에는 아펜젤러의 일기문, 설교문, 편지, 보고서 등을 참고로 게재했다.

6. 조선 한말(韓末)의 유명 인사라도 존칭은 생략하였다.

7. 독자의 이해를 돕기 위해 되도록 문장은 쉽게 썼다. 특히 현재 통용되는 자료들을 기초하되, 논문의 자료 나열식이 아닌 논픽션 에세이에 가깝게 기술하였다.

8. 한자(漢字)는 되도록 피하되, 특수한 경우에만 인명이나 지명을 한자로 괄호 안에 넣었다.

차 례

머리말 **3**

1. 아펜젤러, 그는 누구인가

　　미국 펜실베이니아 주의 목가적인 정취가 한껏 묻어나는 수더튼(Souderton)은 조그마한 농촌 마을로, 비옥한 땅으로 둘러싸였으며 유서 깊은 코네스토가 강(江)이 유유히 흐르고 있다.

　지금으로부터 150여 년 전인 1858년 2월 6일, 이곳에서 기독교 교회사에 하나의 커다란 전기(轉機)가 마련된다. 그것은 아펜젤러의 출생이다. 그가 태어난 곳은 조선에서 약 1만km나 떨어진 미국 펜실베이니아 주 몽고메리 수더튼 근처의 '베들레헴 턴 파이크'라는 곳이다. 하나님께 장차 조선에 가서 위대한 일을 하라는 소명을 받은 한 아기의 울음소리로 한국 감리교회의 역사는 시작된다. 그의 완전한 이름은 헨리 게르하르트 아펜젤러(Henry Gerhard Appenzeller)다.

가문의 역사와 성장

아펜젤러는 스위스인 혈통
의 가문에서 태어났다. 아펜젤
(Appenzell)이라는 이름은 예술
과 시와 역사 분야에서 잘 알려
져 있다. 동시에 개혁교회 및
교육사, 문화사에도 빛나는 이
름을 남기고 있다. 아펜젤러 가

아펜젤러 생가

문이 미국에 온 것은 1735년인데, 교만한 왕의 횡포와 박해를 피해 독일계
미국인들이 많이 모이는 펜실베이니아 지방으로 이주한 후 이곳에 집단
적으로 정착하게 되었다.

미국 개척자였던 제이콥 아펜젤러(Jacob Appenzeller)에게 두 아들이 있
었는데, 이 중 둘째아들인 제이콥 3세가 바로 헨리의 할아버지다. 제이콥
3세는 부모의 농사일을 이어받아 한 농장의 소작인으로 살았지만, 계속해
서 농토를 넓혀 나가 나중에는 농장을 운영하게 되었다. 그에게는 네 남매
가 있었는데, 이 중 헨리의 아버지인 기드온은 1823년 출생하여 1855년 12
월 헨리의 어머니인 마리아 게르하르트와 결혼하였다. 이들은 아들 셋을
낳았는데, 그 중 둘째가 바로 헨리 게르하르트 아펜젤러다. 헨리 아펜젤러
의 집안은 1518년 스위스에서 시작된 츠빙글리의 종교개혁 전통에 따라
개혁교회의 신앙을 따랐고, 그 성품은 스위스 용병의 전통을 이어받아 용
감하고 진취적이었다. 이런 용맹스러운 기질이 헨리를 당시 누구나 꺼려
했던 '한국 복음화의 선구자'가 되도록 결심시킨 것이다.

또한 어머니인 마리아 게르하르트(Maria Gerhard)는 명문 출신의 현모로서, 그 가문에서도 저명한 신학자와 과학자를 배출하였다. 매사에 헌신적인 그의 어머니는 미국 땅에 이주해 와서 죽을 때까지 거의 영어를 쓰지 않았다. 헨리도 12세가 될 때까지 어머니와 대화할 때에는 독일어를 썼다. 그녀는 오래된 독일 메노나이트교도 집안 출신으로, 이미 그리스도의 종으로서의 경건한 믿음의 토양에 뿌리 내리고 있었다. 이 메노나이트파 교인들의 가정생활의 특징은 어려서부터 엄격히 성경 공부를 하는 것이었다. 어머니 메리는 자녀들에게 항상 인생에 대한 높은 이상을 간직하라고 일러 주었다. 더욱이 그녀는 학문적 재능이 남달랐으며 프랑스어에도 능통하여 어린 헨리가 성경을 공부하는 데 큰 도움을 주었다. 어머니의 영향으로 아펜젤러는 이미 5세에 학교 교육을 받기 시작하였으며, 놀이터와 집에서는 독일어를 쓰고 선생님 앞에서 암송할 때에만 영어를 사용할 만큼 독일계 스위스인의 자존심을 매우 강하게 지켜 나갔다. 메노파 어머니의 이러한 영향으로 헨리는 14세에 스스로 신앙 고백을 할 수 있을 만큼 성장하여 세례를 받았다. 이 세례 의식은 피터 S. 피셔 목사의 집례로 수더튼 근처의 임마누엘 개혁교회에서 이루어졌다.

헨리 게르하르트 아펜젤러는 공립학교 교육을 마치고 웨스트체스터 사범학교에 진학하였다. 그 당시 헨리의 가정은 생활이 넉넉하지 못했다. 그래서 그는 사범학교에 입학한 후 학비를 벌기 위해 랭커스터의 엘리자베스타운에서 교사로 일하면서 어려운 학창 시절을 헤쳐 나갔다. 그러나 그는 절망이나 불평을 입에 담지 않았다. 비록 가정 형편은 어려웠지만

웨스트체스터 사범대학

아버지께 물려받은 건강한 신체와 극기의 정신, 그리고 어머니께 부여받은 기사도 정신과 희생 봉사의 자질을 꾸준히 길러 나갔다.

그러던 중 헨리는 1876년 10월 1일, 웨스트체스터에서 회개를 경험하게 된다. 복음 전도자 풀턴(Fulton)의 설교를 듣고 감동을 받아 회개한 이 날을 헨리는 자신의 영적 생일로 여겨 평생 기념했다.

헨리는 1877년 19세에 웨스트체스터 사범학교를 마치고, 1878년 아버지의 권유로 다시 펜실베이니아 랭커스터에 있는 프랭클린앤드마샬대학에 입학하여 고전학을 연구하였다. 그는 대학 시절에 두 가지 중요한 경험을 하였는데, 첫 번째는 신앙의 경험이었다. 1876년 회심을 체험하였지만 대학 입학 후 영적 불안을 느끼고 있던 중, 랭커스터 제일감리교회의 기도 모임에 참석하면서 감리교회의 신앙을 접하게 되었다. 그는 특히 감리교회의 기도 모임과 속회 활동을 통한 경건 운동에 큰 감명을 받았다. 헨리는 결국 '개혁교회에서 감리교회'로 옮기는 문제에 대한 이전의 갈등을 정리하고, 1879년 4월 20일에 제일교회에 등록하였다. 감리교회 신자가 된 것이다. 훗날 선교 동역자였던 장로교회의 언더우드가 그에게 감리교회로 옮긴 이유를 묻자 이렇게 대답했다.

나는 정말 매우 기쁘고 행복하여 할렐루야만 외쳐야 했습니다. 하지만 아시다시피 장로교회에서는 절대 그렇게 외칠 수가 없었습니다. 그래서 마음껏 외칠 수 있는 감리교회로 옮겼습니다.

구원의 기쁨을 마음껏 소리칠 수 있는 교회였기에 헨리는 200년 전통의 칼빈주의를 포기하고 감리교회로 옮기게 된 것이다. 다음 주일 일기에 그는 이렇게 기록하였다.

오늘 나는 나의 선택에 의해 감리교회 입교인이 됨으로 개혁교회에서 감리교회로 옮기는 데 대한 이전의 생각과 토론들이 모두 끝났다. 이것은 내가 얼마동안 기도와 명상을 한 후에 이루어졌다. 1876년 10월 1일의 회심 이후로 오랜 시간 감리교인들과 같이 지내면서, 개혁교회에서보다 마음이 훨씬 더 편했다. 그리하여 나는 감리교회에 입교하는 것은 나의 의무라고 느꼈고, 내가 오늘 결단을 내린 것은 오직 하나님의 영광만을 위함이다.

그 동안의 모든 마음의 갈등이 사라지고, 그의 마음이 평정심을 되찾았음을 엿볼 수 있다.

헨리의 두 번째 경험은, 불의와 타협하지 않는 정의에 관한 경험이었다. 그는 대학 시절에 하나님의 은혜를 드러내는 일과 용기를 드러내는 일에 마음을 기울였다. 프랭클린앤드마샬대학을 다니면서 후배들에 대한 선배들의 심한 구타와 괴롭힘을 헨리는 싫어했다. 약한 자에 대한 강한 자들의 횡포를 무척 싫어했던 그는 선배들의 야만적인 행동은 무엇이라도 강하게 거부했다. 이러한 정신은 선교에서도 나타나는데, 그리피스는 이렇게 말했다.

그가 어떠한 형태의 야만성도 거부한다는 사실을 보여 주는 것이었다. 그의 이 용기 있는 행위 때문에 그를 좋지 않게 생각한 사람들도 없지 않았으나, 그들도 나중에는 그의 행동에 경의를 표했다.

정의와 양심이 그와 함께하는 한, 그는 아무것도 무서워하거나 겁내지 않았다. 헨리는 자신이 이런 사회의 불의와 부정에 맞서는 투사로 부름 받았다고 생각했다. 그는 말만 하고 행동으로 옮기지 않는 것을 '소극적 선'

으로 규정하였다.

헨리는 프랭클린앤드마샬대학에 다닐 때부터 해외 선교에 뜻을 두었는데, 시간이 지나면서 그 관심은 점점 커갔다. 그가 23세 되던 해인 1881년 2월 19일, 대학 3학년 때 해외 선교에 대한 강연을 듣고 큰 감명을 받아 2달러 50센트를 선교비로 내면서 이렇게 결심했다.

내 생애에 야망이 있다면 그것은 평생 주님께 봉사하는 데 완전히 헌신하는 것이다.

헨리의 굳은 결심은 대학 졸업을 앞두고서도 조금도 변함이 없었고, 졸업 후에는 뉴저지 주 매디슨에 있는 드류신학교에 입학하여 구체적으로 실천에 옮기기 시작하였다.

헨리가 다니는 신학교는 학문적 훈련과 개인적 경건을 동시에 강조하였다. 일상생활은 기도로 시작해서 기도로 끝났다. 수업을 시작할 때나 마칠 때 기도하였으며, 식사 전후에도 항상 기도하였고, 심지어 기숙사와 교실을 오갈 때에도 기도하였다. 드류신학교 졸업식의 절정은 애찬식이었는데, 그 시간에 졸업생들은 자신의 종교적 체험에 대해 공개 증언을 하였다. 드류신학교는 단지 종교를 배우는 곳이 아니었다. 그곳은 신학 연구 못지않게 신앙을 체험하는 곳이었다. 그곳에서는 간구와 감사, 축복과 애찬식으로 이어지는 예배 모임과 기도회가 계속 이어졌다. 학생들은 바로 이런 이유로 이 신학교에 왔다. 드류신학교 설립의 근본 목적은 유능한 복음 전도자를 양성하는

드류신학교 본관

것이었고, 그런 목적에서 찾아온 학생들을 만족시켰다. 그들은 학문 못지않게 신앙을 파고들고자 했다.

1882년 24세에 드류신학교에 들어가 본격적인 신학대학원 과정을 마친 후 마침내 1885년 1

아펜젤러가 드류신학교 학생이던 1884년에
제61대 목사로 설교했던
그린빌리지교회(Green Village Church)

월 27세에 신학석사가 되었다. 이렇게 해서 본격적인 목사로서 또는 선교사로서의 전문적인 훈련을 마치고 조선을 향한 힘찬 발걸음을 내딛게 된 것이다.

결혼과 선교사 파송

헨리는 고국을 떠나기 직전인 1884년 12월 17일, 크리스마스를 1주일 앞두고 26세의 나이에 사랑하는 여인 엘라 닷지와 랭커스터 제일감리교회에서 결혼식을 올렸다. 엘라 닷지는 청교도 윌리엄 닷지의 후손으로, 아펜젤러 못지않은 훌륭한 기독교 가정에서 교육을 받은 사람이었다. 스무 살이 되기까지 한 번도 집을 떠난 적이 없는 엘라는 그리스도를 위하여 친구와 가족을 떠나 해외에 선교사로 가는 것을 기뻐하였다. 헨리 아펜젤러가 신혼 생활을 하던 1884년 말, 미국 북감리교회 해외선교부는 조선에 파송할 선교사를 누구로 할지를 논의하기 시작하였다. 그리고 마침내 헨리를 조선 선교사로 파송하기로 결정했다. 임명장을 받게 된 헨리는 큰 기쁨으로 1885년 새해를 맞이하였다.

헨리는 조선에 오기 전 생각하였다. '일찍이 인도의 시인 타고르가 조선은 찬란한 아침의 나라로, 언젠가는 동방의 새 빛이 되리라고 예언하지 않았던가.' 그러나 그때까지 평온했던 고요한 아침의 나라 조선에는 격동의 찬바람이 불고 있었으며, 주변 정세에 따라 서서히 소란한 나라로 변하여 가고 있었다. 이웃 나라 중국과 일본, 그리고 태평양 너머 미국 등 열강들이 자신들의 국력을 과시하며 조선 땅에 침략의 다리를 놓기 시작하였던 것이다.

조선의 궁궐 안 사정

19세기에 들어서면서 조선 말기 대한제국에는 외세가 밀려오기 시작하였다. 각국의 사절들은 조선 황실에 밀고 들어와 황제 알현을 억지로 허락받고 있었다. 이 무렵 조선의 황태자는 자신보다 세 살 위인 민씨 가문의 여인과 혼인하였다. 그녀가 오랫동안 궁궐 내의 세력을 좌지우지한 저 유명한 명성황후인 것이다. 그는 조선 민족의 특성을 지닌 전형적인 조선 땅의 여인이었지만, 황실에 들어가서는 막후 권모술수의 대가가 되었다. 단호한 성격으로 무명의 민씨 가문을 이끌어 갈 만큼 능력을 가지고 있었다. 그녀는 당시 국내 정치세력을 손에 쥐고 움직였던 인물로, 실제 그 권력이 황제인 남편을 능가했을 뿐만 아니라, 한말(韓末) 대한제국의 국권을 일본에 빼앗긴 마지막까지 정치적 목표 달성을 위하여 조정을 뒤흔든 강력한 실권자였다. 이 때문에 황후는 황제의 아버지이자 자신의 시아버지인 흥선대원군 이하응과 끊임없는 반목과 적대 관계를 지속하였다. 황후야말로 당대 조정의 거목이었다.

대한제국의 격동기

조선의 안팎에서는 격동의 역사 속에 새로운 힘이 꿈틀거리고 있었다. 그 원인은 유럽의 함대와 군대에 의해 중국의 오만한 콧대가 꺾였기 때문이었다. 조선인들이 성스럽다고 여겼던 북경은 그 거대한 성벽에도 불구하고 차츰 무너지기 시작하였다. 자칭 천자라 하던 중국 황제까지도 그 웅장한 자금성 궁궐에서 외국인에게 무릎을 꿇고 모욕을 당하게 된 것이다. 일본에서도 1854년 미군 함정이 대포 한 발 쏘지 않고 두 항구를 개항시키는 사건이 벌어졌다. 이런 상황에서 1858년 멀리 미국 땅에 헨리 게르하르트 아펜젤러가 태어났다는 사실은 한국 감리교회 역사에 큰 의미가 있었다. 하나님께서 각박한 조선 땅 복음화를 위하여 아펜젤러가 빠른 시일 내에 조선에 가도록 여호와이레로 역사하신 것이다.

헨리 아펜젤러의 출생을 기점으로 조선과 감리교회에 새로운 시대가 열리기 시작했다. 새로운 시대 새로운 역사가 시작되면서 중국인이나 일본인들은 기독교 국가들과 마주치게 되었다. 일본은 봉건제가 붕괴되고 지방을 통일하여, 근대과학과 전쟁의 갑옷으로 탈바꿈하였다. 또 러시아는 중국으로 진출하여 태평양까지 영토를 확대하며 극동의 블라디보스토크 항을 극동 진출의 발판으로 삼았다. 조선 사람들은 처음으로 러시아 군대와 상인들을 볼 수 있었다. 이 때문에 미국, 프랑스, 독일의 상인들과 함께 무장한 도적 떼가 조선의 국경을 빈번하게 넘나들기 시작했다.

이렇게 서양의 탐욕스러운 세력들이 은둔의 나라, 고요한 나라에 물밀듯이 침범하여 올 때 조선의 궁궐에서는 무서운 악의 세력들이 득세하기 시작했다. 남편을 잃은 대비(大妃)들은 서로를 적대시하고 경쟁하며 당파들의 손에 놀아났고, 이 혼란은 왕위를 이을 후계자를 정하는 문제로까지

이어졌다. 또한 우여곡절 끝에 책봉된 어린 왕세자는 장성하여 고종으로 등극하기까지 온갖 풍파를 겪으며, 일본과 중국, 러시아와의 틈바구니에서 끊임없는 분쟁의 씨앗이 되었다.

미국 전권대사 로우와 청국의 사절단(1871년)

고종이 왕으로 등극하자 그의 아버지 흥선대원군 이하응이 새로운 세력으로 등장하였다. 그는 유학자이자 왕족으로, 쇄국정책을 펴서 서양에서 들어온 기독교를 반대하고 선교사들을 심히 박해하였다. 1866년 미국의 무장함선 제너럴셔먼호가 대동강에 나타난 일과 1868년(고종 5년) 독일 상인 에른스트 오페르트가 충청도 덕산에 있는 흥선대원군의 아버지 남연군의 묘를 도굴하려다 실패한 사건이 쇄국정책을 더욱 확고하게 하는 원인이 되었다.

앞서 언급한 프랑스나 미국의 함대가 침범해 왔을 때 조선 땅이 처음으로 피로 얼룩지는 사태가 벌어졌다. 그러나 왕실은 화해를 위해 평화사절단을 보냈다. 낫을 들고 대항하는 대신, 그리스도의 나라라고 칭하는 미국과 같은 나라에는 하나님을 향한 믿음이 충만한 사람을 보내야 한다는 것이었다. 이상하게도 향후 5년 동안은 조용한 세월을 보낼 수가 있었다.

이때 일본에서는 조선을 침략하려는 세력들이 일어나기 시작하였다. 1873년 가을, 각국에서 유럽 문명을 접하고 갓 돌아온 일본의 외교관들 사이에 큰 다툼이 벌어졌다. 바다 건너 조선을 정벌하자는 주전파와 좀 더 시기를 관망하자는 주화파 간에 내분이 일어난 것이다. 당시 대영제국의 위세를 드높인 넬슨 제독과 같은 해외 원정대에 크게 자극을 받은 일본은 마침내 조선의 해안을 탐색하기 시작하였다. 조선은 왕실에서 국왕이 개혁 전 일본 권부를 욕하고 비웃었다. 국왕은 자신의 영화를 위해 쇄국정책으로 모든 수단을 동원하여 외국인에게 도전하면서 강한 조선을 만들겠다는 결단을 보여 주었다.

이즈음 조선의 대원군 이하응의 쇄국정책과 학정(虐政)은 극에 달하고 있었다. 국왕의 아버지인 대원군은 돌로 된 심장과 철로 된 내장이라는 평을 받을 만큼 당대 조선의 거물로, 내외에 막강한 영향력을 행사하고 있었다. 그는 쇄국정책을 펴면서 반기독교적인 칙령을 모든 백성에게 포고하였다. 그 결과 나라 안의 수많은 가톨릭 교인들이 희생되었으며, 프랑스 사제들이 참수를 당하였다.

아펜젤러가 조선에 들어오게 된 과정은 당시 개화기의 소용돌이에 처한 조선의 국내외 정치 정세와 밀접하게 관계되어 있다. 1882년 조선과 미국 사이에 체결된 한미수호조약으로, 1883년 4월 10일에 미국 초대 주한 공사로 후트가 입경하였다. 이에 대한 답례의 표시로 조선 정부는 보빙 사절단을 미국에 파견하였다. 민영익을 전권대사로 하고, 부관에 홍영식 이하 서광범 등의 개화파 정치인들을 파견하여, 보빙의 사명과 서양문화 시찰의 사명을 수행하게 하였다.

시카고에서 워싱턴으로 가는 열차 안에서 가우처대학의 학장이었던 가우처(John F. Goucher) 박사가 민영익 일행을 보게 되었다. 난생 처음 보는 이상한 옷차림과 모습의 한국 사절단에 자연히 호기심과 관심이 생겼고, 이들에게 말을 걸게 되었다. 감리교 목사인 가우처 박사는 이들과의 대화에서 동양의 은둔국의 사정을 알고는 그 나라에 생명의 복음을 전해야겠다는 사명감을 느꼈다. 그리고 곧 그 결심을 행동으로 옮겼다. 집에 돌아온 그는 뉴욕에 있는 감리교 선교부에 2,000달러를 기부하면서 동양의

'조용한 아침의 나라'에 곧 선교 사업을 시작하도록 촉구하였다.

이에 1883년 총선교위원회는 한국 선교를 정식으로 결정하였고, 당시 일본 주재 선교사였던 맥클레이(Robert S. Maclay) 박사에게 서울로 직접 가서 선교지 현장을 답사하도록 지시하였다. 1884년 6월 23일 제물포에 상륙하여 다음날 서울에 들어온 그는 후트 공사의 관저에 머무르면서, 27일에는 개화파의 거물 김옥균을 방문하여 자신이 온 목적을 이야기하고, 한국에서의 선교 사업에 대한 국왕의 허락을 받을 수 있도록 주선을 요청하였다. 맥클레이 박사가 돌아간 후 주한 미국 공사 후트가 그에게 이렇게 편지를 보냈다.

가우처 박사

일본 주재 선교사 맥클레이

기독교 사업에 대하여 정부 당국도 아무런 반대가 없었고, 당신이 떠난 뒤 국왕께서 확증하는 말씀을 내리셨는데, 서울에서 학교와 병원을 설립하는 데 지장이 없도록 할 뿐만 아니라 은연중 권장하겠다고 말씀하셨다.

맥클레이 박사는 이렇게 자신이 맡은 임무를 성공적으로 마친 후 7월 8일 서울을 떠났고, 일본으로 가서 곧 이 소식을 가우처 박사와 감리교 선교부의 파울러 감독에게 보고하였다. 그리하여 그가 우리나라에 다녀간 지 1년도 채 안 되어 아펜젤러 선교사가 정식으로 입국하여 일을 할 수

미국 공사 후트

있는 길을 열어 놓은 것이다.

드디어 조선을 향해 출발하다

1885년 1월 14일 조선으로 출발하기 전, 드류신학교 교수와 동료들이 아펜젤러와 함께 특별 예배를 드리고 기차역까지 배웅을 하였는데, 이것은 그에게 큰 힘이 되었다. 아펜젤러는 "우리는 하나님과 함께 일하는 자"라는 고린도후서 6장 1절 말씀을 붙들고 선교사의 길에 올랐다. 이때 함께 한국으로 떠난 선교사들은 모두 5명이었는데, 아펜젤러 부부와 의사인 스크랜튼 부부, 그리고 스크랜튼의 어머니인 메리 스크랜튼 부인이었다. 아펜젤러의 동료 선교사로서 그와 같은 배를 타고 태평양을 건너온 스크랜튼은 그의 첫인상을 이렇게 기록하였다.

그는 모두의 시선을 끌 수 있는 인상적인 사람이었다. 균형 잡힌 체격에 큰 키, 머리를 높이 쳐들고 약간 뒤로 제친 그의 모습은 위압적이었다. 체중은 180~200파운드 정도라고 생각된다. 얼굴까지 포동포동한 편이었고, 숱이 많은 곱슬머리였다. 얼굴은 불그스레하여 대단히 건강하게 보였으며, 항상 미소를 띠고 있었다. 그는 마음에서 우러나는 미소로 늘 공손하고 매력적으로 인사하였다.

이들 일행은 1885년 2월 3일 미국 태평양 우편선인 아라빅호를 타고 샌프란시스코를 떠나 한국으로 역사적인 항해를 시작하였다. 그리고 험한 파도가 치는 태평양을 건너 마침내 1885년 2월 27일 20여일 만에 일본 요코하마에 도착하였다. 그곳에서 약 1주일 동안 휴식한 이들은 3월 23일

다시 출발하여 고베에 들렀다가 3월 28일 나가사키에 이르렀다. 3월 31일 아펜젤러는 미국 북감리교회 해외선교부로부터 조선 선교회의 부관리자로 임명되었다.

1885년 3월 일본에 도착한 아펜젤러 부부

조선 반도에 첫발을 내딛다

나가사키에서 한국에 들어갈 기회를 기다리던 아펜젤러는 1885년 3월 31일 작은 기선에 몸을 실었다. 그리고 드디어 1885년 4월 2일 조선 반도의 관문인 부산에 도착했다. 그의 가슴은 감격으로 두근거렸다. 처음으로 밟아 보는 조선 땅에 대한 소감을 이렇게 기록하였다.

도로는 두 사람이 나란히 걷기에 충분한 넓이다. 우리는 가파르고 울퉁불퉁한 언덕 두 개를 넘었다. 그러고는 이곳저곳에 잘 다듬어진 밭과, 밭을 갈고 있는 사람들을 보았는데, 이들의 모습은 마치 성지에서 밭을 갈고 있는 듯하였다. 우리는 어깨가 벌어지고 건장한 잘 생긴 사람들을 만났는데, 그들은 명절 옷을 입고 아무것도 하지 않았다. 또한 냇가에서 방망이로 옷을 두들기며 빨래하는 여자들도 보았다. 그들은 한결같이 우리를 보고서는 곧 얼굴을 돌림으로써 자신들의 은둔정신을 나타냈다. 그들은 남편 이외의 남자의 얼굴을 보아서는 안 된다.

배가 정박하는 하루 동안 부산 시내를 거닐 수 있었다. 아펜젤러가 27

세의 나이로 조선 땅에 첫발을 들여놓았을 때, 그의 눈에 조선은 너무 낯설고 비참한 곳이었다. 아펜젤러 부부는 부산에서 하루를 머물고는 4월 3일 목적지인 제물포로 향하였다. 이 배에는 장로교 선교사인 언더우드 목사도 함께 있었다. 이들은 같은 날, 같은 목적, 같은 배로 우리 땅을 밟아 조선 선교를 위해 같이 일한 선교 동역자였다. 1885년 4월 5일 부활절 아침, 마침내 제물포항에 닿았다. 서양인들의 오랜 '레이디 퍼스트(Lady first)' 전통에 따라 아펜젤러의 부인인 엘라 닷지가 처음으로 우리 땅을 밟았다. 그 다음 아펜젤러 선교사와 언더우드 선교사가 나란히 내렸다. 이날에 대해 A. D. 클라크 장로교 선교사는 이렇게 증언하였다.

후세에 아무도 감리교와 장로교 중 어느 쪽이 먼저 들어왔다는 말을 할 수 없도록 이들이 서로 손을 잡고 함께 뛰어내렸다는 이야기는 대단히 흥미롭다. 그러나 이것이 사실이라는 근거는 없는 것 같다. 사실 먼저 땅을 밟은 사람은 아펜젤러 부인이었다. 그러나 이 이야기는 이들 두 기독교 지도자들 사이를 특징지었던 우호적 정신을 반영한 대표적 사례라고 볼 수 있다.

아펜젤러가 제물포항에 첫발을 내딛은 1885년 4월 5일에는 봄비가 대지를 촉촉이 적시고 있었다. 제물포에 상륙한 그는 첫 기도를 드렸다.

아펜젤러 입국 당시의 제물포항

우리는 부활주일에 여기 왔습니다. 이날 죽음의 철장을 부수신 주님께서

이 백성을 얽매고 있는 줄을 끊으시고, 그들도 하나님의 자녀들이 얻는 빛과
자유를 얻게 하소서!

이러한 기도를 드린 아펜젤러는 당시의 상황을 이렇게 말하였다.

　　한국은 아직도 정치적으로 불안정하다. 서울에는 불온한 요소들이 잔재
해 질서를 어지럽히고 있는데, 그것들이 완전히 근절될 때까지, 약하고 무
질서한 통치가 강력해질 때까지는 '고요한 아침의 나라'에 진보는 기대하
기 힘들며, 대신 많은 불화가 있을 것이다.

1884년 12월 조선의 수도 서울에서는 왕정을 없애고 일본의 문명을 받
아들이려는 개화파와 황제를 모시고 그대로 조정을 유지하려는 수구파의
싸움(갑신정변)으로 피바람이 불었다. 이러한 혼란 때문에 아펜젤러 일행
은 제물포에서 1주일을 머무르면서 안타까운 마음으로 사태를 주시하였
다. 그러나 혼란이 빨리 수습되지 않고 부상자와 사망자가 날로 속출하자
이대로는 서울로 들어올 수 없다는 소식이 전해져 왔다.

아펜젤러 부부는 제물포
에 한 주간 정도 체류하다가
다시 일본으로 돌아가 후일
을 기다리기로 하였다. 4월
13일 나가사키로 돌아간 후,
서울 입경을 목표로 6월 20일
에 다시 제물포항에 도착하
였다. 아펜젤러는 7월 7일에

개화파 동지들(1884년)

는 미국에서 화물로 도착한 오르간으로 조선에서 처음으로 찬송가 "복의 근원 강림하사"를 연주하며 주님을 찬양하였다. 결국 38일 동안 제물포에서 체류하다가 7월 19일에야 아펜젤러 부부는 서울에 입성할 수 있었다.

이보다 앞선 5월 1일 의사인 스크랜튼 박사는 먼저 서울에 들어가 진료에 임하고 있었다. 그는 서울 정동에 있는 한 조선인 집을 사서 깨끗이 수리하여 앞으로 선교 사역에 사용할 장소로 정하였다. 얼마 후 아펜젤러 부부가 도착했을 때, 그들이 거주할 가옥을 인접한 곳에 구하였다. 아펜젤러는 조선의 국왕과 조정(朝廷)이 그가 시작하려는 교육 사업에 대해 어떠한 생각을 하고 있는지 궁금했다. 그래서 선교의 기반을 마련해 준 스크랜튼에게 조선의 사정과 서울의 분위기, 국왕과 신하들의 교육 사업에 대한 태도를 물어 보았다. 스크랜튼은 당시 미국 공사였던 후트에게서 들은 대로 대답해 주었다.

즉 후트 공사가 고종을 알현하여 아펜젤러가 학교를 설립해 영어를 가르치기를 원한다는 사실을 이야기하였더니, 국왕도 그의 교육 사업을 허락하였다는 기쁜 소식이었다. 이 말을 듣고 아펜젤러는 후트 공사에게 감사의 편지를 썼다. 후트 공사는 이렇게 회신을 보내왔다.

평상복 차림의 고종황제

국왕께서는 당신이 한국인들에게 그렇게 큰 관심을 가지고 있는 것은 갸륵한 일이며, 당신이 한국인들을 가르쳐 준다면 진정으로 훌륭한 일을 하는 것이라고 말씀하셨습니다. 나는 내가 국왕에게 말씀드린 대로 또한 국왕께서 분부하신 그대로 말하는 것입니다. 이것은 당신이 학생들을 모으고 학교를 시작할 수 있다는 뜻이니 소신대로 할 수 있음을 의미합니다.

편지를 읽은 아펜젤러는 큰 힘을 얻고, 본격적인 신교육 사업에 착수하였다. 맥클레이 박사는 1884년 6월에 조선에서 선교 사업을 시작해도 좋다는 허가를 얻었고, 약 1년 후 아펜젤러는 국왕으로부터 교육 사업을 즉시 시작할 수 있는 허가를 얻게 된 것이다.

조선에 첫발을 디딘 해의 10월엔 미국 북장로교회 선교사 언더우드 목사와 함께 성경 번역에 착수하였고, 11월 19일에 아펜젤러는 첫딸 앨리스를 얻었다. 조선에서 태어난 최초의 외국인인 것이다.

1886년 4월 25일 첫 공중 예배

아펜젤러가 제물포에 도착한 지 1년이 되는 4월, 첫 세례예식을 집례하였다. 아펜젤러의 어린 딸 앨리스, 스크랜튼의 딸 마리온, 그리고 일본 공사관의 직원 하야가와에게 세례를 베푼 것이다. 하야가와는 아펜젤러에 의한 첫 개신교 신자가 되었다. 하야가와는 몇 해 전 일본에 있을 때, 선교부 학교에서 기독교의 진리를 이미 배웠고, 조선에 와서도 기독교에 대한 관심을 가지고 아펜젤러와 계속 접촉하여 드디어 기독교에 입교하기로 결심하고 아펜젤러에게 세례를 받은 것이다.

1886년 7월 서울에는 전염병인 콜레라가 기세를 떨치고 있었다. 그러나 아펜젤러를 비롯한 초기 선교사들은 이러한 때에 봉사 활동을 통해 큰 감명을 주었다. 직접 선교를 할 수는 없었지만, 헌신적인 봉사를 통해 자신들이 전혀 생각하지 못했던 방식으로 선한 일을 성취하였던 것이다.

한국인을 위한 감리교회의 첫 공중 예배는 1886년 10월 11일 주일에 있었다. 그날 불렀던 찬송가는 "내 주를 가까이하게 함은"이었다. 6자 높이의 작은 방에 네 사람이 모여 예배를 드렸고, 그 다음 주일인 10월 16일에는 조선에 첫 여성 수세자가 나왔으며, 그 다음 주일(23일) 밤에는 성만찬이 한국인 예배 시간에 처음으로 거행되었다.

평양으로 가는 선교 정탐길

이듬해 1887년 봄에 아펜젤러는 조랑말을 타고 황해도를 거쳐 평양으로 가는 선교 길에 나섰다. 서양 선교사가 지방 선교에 나선 것은 처음이었다. 이때에는 외국인이 개항지인 제물포와 원산, 부산 이외의 지역을 여행하기 위해서는 일종의 여행 증명서인 호조가 필요했는데, 조선 정부는 아펜젤러와 동행한 헌트에게 호조를 발급해 주었다. 이들이 지방 청사에 도착하여 호조를 내보이면 관리들은 이들에게 각종 편의를 제공해 주었다.

호조

서양인들을 처음 보게 된 조선 사람들은 "양인, 양인!" 하면서 구름떼처럼 그들 주위로 모여들었다. 포졸들이 소리를 치고 무력을 행사해야만 겨우 길을 만들 수 있었다. 외국인을 한 번도 본 적이 없었기 때문에 이들은 아펜젤러 일행을 보는 것만으로도 즐거워했다. 아펜젤러는 그들이 하는 대로 내버려 두었다. 어떤 이들은 그의 옷을 만져 보면서 좋은 비단이라고 생각했다. 어디를 가든 조선 사람들은 많았지만 온통 호기심뿐이었다. 아펜젤러는 서울을 떠난 지 열하루 만에 평양에 당도했다. 평양을 둘러본 그의 소감은 긍정적이었다. 사람들은 친절하였고, 가는 곳마다 대단한 관심을 보였지만 아무런 해도 끼치지 않았으며, 사람들의 심성도 거칠지 않다고 판단한 그는 이곳을 조선 북부 선교의 전초기지로 삼고, 이 계획을 구체적으로 실천해 나가기 시작했다.

최초의 서양식 건물 배재학당

아펜젤러가 조선에 와 진정으로 하고 싶었던 일은 복음 전파였지만, 당시 조선 정부가 허락한 사업은 교육과 의료 분야로 한정되었기 때문에 교육 사업은 그가 할 수 있는 최선이었다. 아펜젤러의 교육 활동은 그가 서울에 도착한 지 한 달도 채 안 된 1885년 8월 이전에 시작되었다. 이렇게 교육을 빨리 시작할 수 있게 된 것은, 교육에 대한 조선인의 긍정적인 인식과 조선 조정의 관심과 적극적인 지원 덕이었다. 다음 글에서 교육에 대한 조선 사람들의 인식을 알 수 있다.

얼마 전 왕실 농장의 책임자를 방문한 자리에서 학교를 시작할 계획을 말하면서 영어를 배우고 싶은 자녀가 있으면 기꺼이 가르쳐 주겠다고 했더니, 고맙다면서 좋은 일인데 기꺼이 아들을 내게 보내겠다고 했습니다. 또 며칠 전에는 젊은 '양반' 한 사람과 얘기를 나누었는데, 영어를 배우기 위해 오겠다고 했습니다. 가능하다면 내 집에서 학교를 '열고' 싶지만 현재로서는 불가능합니다. 우리가 거처할 방도 부족한 형편이기 때문입니다.

배재학당 마무리 공사를 감독하는 아펜젤러

조선 사람들은 교육을 위해서라면 자녀를 학교에 기꺼이 보낼 뿐만 아니라, 자신의 집을 학교로 내어주고 싶어 할 정도로 교육에 대한 열의가 있었으며, 아펜젤러의 교육에 대해 호감과 좋은 인식을 가지고 있었다. 이렇게 한국 사람들의 좋은 인식 사이에서 아펜젤러의 교육 사업은 매우 성공적이었다. 마침 조선은 문호를 개방한 때라 영어의 필요성이 재고되었고, 1년도 채 안 된 아펜젤러의 학생들이 관료로 채용되기 시작함으로 그 가치를 인정받았다. 뿐만 아니라 영어를 잘하는 것은 '관직에 나가는 지름길'이었고, '벼슬을 얻는 수단'이 되었다.

이렇게 시작된 학교에 고종은 '유능한 인재를 기르는 학교'라는 뜻의 '배재학당'이라는 이름을 하사했는데, 아펜젤러는 교명 하사를 조선 정부가 그의 교육 사업을 인정했다는 것으로 받아들였다. 그는 1887년 서울에서 가장 눈에 잘 띄는 정동 언덕에 교사를 짓기 시작했다. 벽돌로 지은 르네상스식 1층 건물로 강당과 도서실, 학당실과 4개의 교실이 있었고, 산업

부를 위한 반지하실도 있
었다. 한국 최초의 근대식
건물은 곧 장안의 명물이
되었다. 재학생이 63명으
로 늘어났고, 37명의 성인
과 소년들이 입학했다.

배재학당 본관

　배재학당은 교육의 기회가 없었던 조선인들에게 서구의 과학과 문학을
배울 수 있는 배움터였으며, 동시에 관직을 얻게 해 주는 소망의 산실이기
도 하였다. 뿐만 아니라 배재학당은 근대화 운동의 중심지가 되었다. 아펜
젤러는 또한 출판사와 제본소를 운영함으로써 근대적 출판문화를 경험하
게 하였고, 독립문 정초식 때 선보인 합창과 1887년 종강행사 때 행한 체
조는 사람을 놀라게 하기에 충분했다.

한국 최초의 감리교회 벧엘예배당의 시작

　고종이 배재학당이라는 교명을 하사하고 조선인을 향한 전도 활동의
분위기가 고조되자 선교사들은 1887년 4월 4일 열린 선교사월례회의에서
"서울 중심부에 성경 공부를 위해, 그리고 성경 공부에 참여하는 학생들
의 편의를 위해 집 한 채를 사도록" 결의한다. 이에 따라 아펜젤러는 1887
년 9월에 지도자 양성과 성경 반포 사업을 위한 작은 집을 구입하였고, 이
집을 '벧엘예배당'이라 불렀다. 벧엘예배당이 생기자 그는 본격적으로 불
신자들을 초청하기 시작했으며, 아펜젤러는 벧엘에서의 첫 세례를 한국어
로 집례하였다. 그는 그때의 감격을 이렇게 기록하였다.

우리는 8평방미터 되는 방에 한국식으로 모여 앉았다. 내가 기도로 예배를 시작한 후 모두 마가복음 1장을 읽고 장 씨의 폐회기도로 모임을 끝냈다. 집회는 우리에게 깊은 감명을 주었다. 나는 이것이 하나님의 뜻을 이루는 하나의 위대한 센터가 되기를 간절히 기도한다.

건물이 있는 정식 예배당이 생김으로써 조선인을 향한 선교는 가속화되었다. 첫 예배를 드린 다음 주일에는 한국교회 최초의 여성 세례자가 배출되었다. 아펜젤러를 도와 봉사하던 권서인 최 씨의 부인이 그 주인공이었다. 이후 아펜젤러의 선교 운동은 빠르게 번져 나갔다. 교회와 예배가 자리를 잡아가면서 그는 드디어 감리교회 운동에 관심을 보였다. 10월 23일 일기에 이렇게 썼다.

10월 23일에는 한국 감리교 최초의 성찬식이 있었다. 감리교 예식서를 사용하였으며, 5명의 한국인과 스크랜튼이 참여하였다.

이후 벧엘예배당을 중심으로 전도의 열기는 확산되었다. 수많은 젊은 학생들이 회심하여 새로운 삶을 결심하였고, 이들의 뜨거운 기도 열기는 전교인에게 퍼져 나갔다. 그리고 이와 같은 기도 운동은 교회와 교파의 울타리를 넘어 장로교회와 연합으로 특별기도주간을 갖는 것으로 발전하기도 했다. 뿌려진 복음의 씨앗이 열매를 맺어 가는 모습이었다.

선교 사역이 폭발적으로 성장하면서 정동교회는 이미 교우가 2백 명이 넘었다. 그런데 예배처소는 극히 협소하여 불편하기 이를 데 없었기 때문에 더 큰 예배당의 필요성이 대두되었다. 아펜젤러는 미국에서 안식년을 보내는 동안 교회당 건축을 구상하며 여러 곳에 의견을 타진한 결과, 어느 정도 재정적인 확신을 갖게 되었다. 그는 조선으로 돌아와 교인들과 더불어 상의하고 기도하면서 조선 기독교인들의 교회당 건축 의지와 필요성을 확인하였다. 그리하여 정동예배당, 즉

초창기 정동제일교회 예배 모습

오늘의 벧엘예배당의 건축이 1895년 8월 7일에 시작되었다. 한 달 후인 9월 9일에는 스크랜튼 감리사의 집례로 성대한 정초식을 거행하였는데, 언더우드 선교사와 법무대신 서광범, 그리고 외무협판 윤치호 등이 참석하였다. 이 교회당 건축은 한국교회 선교 역사에서 매우 중요한 사건이며, 아울러 조정의 두 고위관리가 참석했다는 것은 이 예배당의 건축이 당시 한국 사회에도 얼마나 중요한 사건으로 받아들여졌는지 엿볼 수 있는 대목이다. 아펜젤러는 그날의 감격에 찬 고백을 스크랜튼 감리사에게 편지로 전했다.

이것은 우리 교회사에 일어난 위대한 사건입니다. 배재학당에서 온 남학생들과 이화학당에서 온 여학생들이 처음으로 함께 모여 함께 고개를 숙이고 기도했으며, 동시에 같은 기념사를 함께 듣게 된 것입니다. … 지금부터 35년 후에는 이 주변에 몇 채의 높은 양옥들이 세워지고, 우리 벧엘예배당에는 몇 백 명 내지 천여 명의 신도들이 모여 예배할 뿐만 아니라 남북 감리교회가 합석하는 자리가 되리라고 나는 믿습니다.

이 정초식을 통해 반만년 조선 역사상 남녀가 처음으로 한자리에 모였고, 함께 고개 숙여 하나님께 기도하였다. 아펜젤러는 이 자리에서 수천 년 이어 내려온 조선 사회의 봉건성이 무너짐을 확신하고, 남북 감리교회의 연합을 소망하며, 교회의 하나 됨을 꿈꾸었던 것이다.

정동제일교회

아펜젤러, 협력 선교사의 모델

스크랜튼 대부인이 학교 옆에 고아원을 세웠다. 선교 사업을 하면서 한국어로 된 전도지에 예수에 관한 간단한 이야기를 실었는데, 이를 흥미롭게 읽은 조선 사람이 차츰 늘어 갔다. "수고하고 무거운 짐 진 자들아, 다 내게로 오라." "하나님이 세상을 이처럼 사랑하사" 등과 같은 성경 구절에 조선 사람들이 깊은 감동을 하는 것을 보고 아펜젤러는 비로소 수륙만리를 떠나 조선에 온 보람을 느꼈다. 그러나 그들은 숨어서 기독교를 공부하는 것이 탄로 날까 봐 마음속으로 두려워하고

스크랜튼이 자신의 집을 개조하여 만든 시병원(1885년)

있었다. 또 한편으로는 스크랜튼 박사의 진찰과 치료를 정부 당국의 고관들이 매우 호의적으로 생각한다는 말을 듣고 이제야 하나님이 조선에 주시는 의료 사업이 순조롭게 진행됨을 깨닫게 되었다. 아펜젤러는 스크랜튼과 매우 밀접한 협조를 다짐하면서, 기도회와 예배를 함께 드리며 기쁨을 나누는 일도 많았다. 그리고 그때마다 조선 사람이나 일본 사람에게도 세례를 줄 수 있다는 사실이 그렇게 영광스러울 수가 없었다.

아펜젤러 목사와 언더우드 목사 역시 믿음의 형제로, 주일이면 함께 예배를 드리고 번갈아 가며 설교도 하였다. 어떤 날은 하루 종일 비가 쏟아져 아무것도 하지 못하고 그저 쉬는 날도 있었다. 한편 콜레라 환자들은 무서울 정도로 증가하고 있었다. 정확한 통계는 알 수 없지만 아펜젤러의 일기에 따르면 하룻밤에 150, 200구의 시체가 서대문을 통해 실려 나갔다. 서울에서 매일 5백 명 정도가 죽어 간 일도 적혀 있었다. 거리는 통곡과 탄식으로 가득 찼는데, 그 곡소리는 처량하기 그지없었다. 아직까지 외국인 중에는 콜레라에 걸린 사람이 없는데, 조선 사람들이 유독 그 병에 취약한 것을 보면서 그는 참으로 가슴 아파했다.

아펜젤러는 사역이 멈추지 않게 해 주시는 하나님의 섭리에 감사와 영광을 올렸다. 어떤 조선 사람은 영어를 배우러 교회에 나오기도 하였는데, 그 열의가 대단하였다. 아펜젤러가 간혹 왜 영어를 공부하려고 하는지 물으면 사람들은 한결같이 영어 지식만 있으면 높은 자리에 올라갈 수 있기 때문이라고 대답하였다. 벼슬을 얻으려는 사람들의 열망 때문에라도 교회는 나날이 번창할 수 있었다.

아펜젤러가 공개적으로 선교 사업을 하기에는 당시 조선의 사회적, 정치적 상황이 여의치 않았다. 그러나 비단 조선 사람뿐만 아니라 일본 사람들도 스스로 교회를 찾아와 성경을 공부하는 예가 있었다. 이때 아펜젤러는 자조(自助)의 정신을 가르치는 방식으로 선교를 해 나갔다. 대가를 기꺼이 치를 줄 모르는 신자에게는 도움이 주어지지 않는다는 사실을 깨닫게 하려는 의도였다. 다시 말해 성도들이 아펜젤러와의 약속을 모두 이행하지 않을 경우에는 도움을 받을 수 없게 된다는 것이다.

한편 어둠의 나라 조선 땅에 온 스크랜튼 대부인의 활약은 대단했다. 해묵은 땅을 구입해 그곳에 씨를 뿌리고, 추수 때에는 풍성하게 수확하는 기쁨을 누렸다. 스크랜튼 대부인은 조선의 여성들과 접촉하며 한시도 쉬지 않고 복음 사역을 감당했는데, 그녀의 모습을 보고 아펜젤러는 크게 감명을 받았다.

선교 활동을 하는 동안 차츰 자금이 고갈되어 가자 아펜젤러는 무릎을 꿇고 하나님께 끊임없이 기도하며, 고국에 있는 친구들에게 청원하였다. 기도는 마침내 미국 뉴욕의 선교부에서 3천 달러를 모아 보내오는 것으로 응답되었다.

병원 치료는 잘사는 사람이나 가난한 사람이나 모두 받을 수 있었으나 콜레라와 같은 전염병은 대개 가난한 사람들이 앓았다. 또한 사회적 계급이 높은 사람들은 자기 집에서 왕진을 받기도 하였다. 가난해서 치료비를 내지 못하는 사람이 많았는데, 이는 잘사는 사람에게서 더 받아 그 차액에서 충당하였다. 그 당시 이미 의약품이 상당히 개발되어 있었기에 만성 환자에게 큰 도움이 되었다. 수술이 필요한 경우도 있었는데, 비교적 간단한 시술은 잘 되고 있었으나 대수술을 요하는 진료는 할 수가 없었다.

당시에는 한약을 복용하는 것이 대부분 효력이 없었던지라 병원을 찾는 환자들이 넘쳐났다. 그러나 전염병 환자들은 집에서 대부분 쫓겨나 거리의 거지 신세가 되었다. 아무리 선한 일을 하려고 하여도 이렇게 도와줄 수 없는 이들이 생길 때마다 아펜젤러는 연민의 정을 느끼지 않을 수가 없었다.

환자들 중에는 학질 환자가 많았으며, 부주의나 영양 부족에서 오는 피부병 환자도 부지기수였다. 경부 림프선에 생기는 결핵인 연주창에 걸린 환자가 찾아오는가 하면, 매독 환자도 자주 있었다. 장티푸스나 디프테리아 환자는 별로 없었다. 또한 천연두 같은 풍토병 환자들은 병원에 오지를 않았다. 한약 값은 너무 비쌌기에 이 병원은 당시 조선 사람들에게 인기가 있었다.

아펜젤러는 스크랜튼 의료진과 함께 매일같이 수많은 환자를 돌보았는데, 얼마 동안은 수천 명을 헤아렸다. 의사가 병원에 출근하기도 전에 환자들이 밖에서 누워 기다리는 일도 다반사였다.

간호사와 환자들

한편 종로 거리에서는 일본 상인들이 도매와 소매업을 할 수 있게 해 달라고 관청 앞에 모여 시위를 하고 있었기에 매우 소란스러웠다. 거리 모퉁이에서 장사를 하고 있는 중국 상인들과 이들의 마찰은 이미 예상된 일이었다.

아름다운 협력 선교

아펜젤러가 교회에서 설교할 때면 스크랜튼 대부인은 집에서 화초를 가져와 강단을 장식하였으며, 조선 땅 어디서나 볼 수 있는 진달래와 개나

리를 꽂은 커다란 꽃병으로 교회를 화사하게 만들었다. 선교 초기 예배 시간에는 통역으로 아펜젤러가 설교를 하고, 찬양대는 "여호와는 나의 목자시니"라는 곡으로 찬양을 하였다.

아펜젤러는 '우리가 무덤에 묻힌 그대로 육체가 부활할 것' 임을 설교하였다. 모두가 진리를 바르게 알고 믿음으로 그리스도 안에서 자유를 누리기를 간절히 원했다. 아펜젤러는 조선 사람들이 온유하고 친절하다고 보았다. 그러나 인간적인 관점에서 볼 때, 그들의 도덕적 상태는 대체로 절망스러웠다. 하지만 다른 한편으로는 장차 조선 사람들의 품위를 높여주는 하나님의 은혜의 구원을 분명히 믿었다.

아펜젤러는 조선 반도를 두루 다니면서 문화를 터득하고 선교의 토양을 이해하여 조선 사람들을 더욱 사랑할 수 있게 되었다. 지방 사람들은 대개가 친절했다. 소년들은 악수를 청하면 서양 사람의 이상한 모습과 행동에 경계를 하면서도 좋은 낯빛으로 대하여 주었다. 그런데 유독 여인네들은 서양인들을 똑바로 쳐다보지 않고 모두들 우르르 집으로 들어가 버렸다. 그러나 아펜젤러는 그들의 이런 모습을 이상하게 여기지 않았다. 가는 길마다 또 마을마다 만나게 되는 사람들이 해를 끼칠 만큼 거칠지 않다고 생각했다.

방학이 되면 뿔뿔이 자기 살던 곳으로 흩어졌다가도 학기가 새로 시작되면 새로운 사람들이 등록을 하였다. 이 학교 운영 사업과 함께 아펜젤러는 성서 번역 사업에 참여한 조선 사람들에게 수고비를 지불하는 것도 잊지 않았다.

아펜젤러가 어느 날 믿음의 형제 언더우드를 대신해 외국인들 앞에서 요셉의 일생에 관해 설교하게 되었다. 신도들 중 몇몇은 요셉이 형제들과 만나는 장면에 이르자 눈물을 흘렸다. 아펜젤러는 "많은 사람들이 예수를 발견하도록 그들이 인도하게 하여 주옵소서."라고 뜨겁게 기도하였다.

서울 종로 거리에 기독교 서점과 상점이 들어서기 시작하다

1890년 가을 서울 중심
부인 종로 지역에 서점을
세웠는데, 이는 최초로 성
경을 판매한 종로서점의
시초다. 그러나 서점을 찾
는 사람은 별로 늘어나지
않았다. 바로 그 이웃에 사
는 사람들조차도 서점에는

서울 종로 거리(1888년)

관심이 없었다. 이듬해인 1891년에는 아펜젤러가 제물포 구역 책임 전도
자가 되어 책임이 더욱 무거워졌다. 또한 1895년에는 〈한국유기〉 편집 책
임자가 되어 기독교에 관한 논설을 집필하느라 매우 분주한 나날을 보냈
다. 그의 눈에는 조선 사람들이 빛보다는 어두움을, 의보다는 죄 짓는 것
을 더욱 좋아하는 것처럼 보였다. 그러나 그는 하나님 나라의 복음을 모
든 족속을 향하여 온 세상에 전파해야 한다는 믿음을 가지고 있었다. 그
래서 "복음 전파는 우리 모두의 기쁨이요 특전이다."라고 확신 있게 증언
하였다.

선교 사역을 감당하는 믿음의 형제들은 인내하며 서울이나 다른 모든
도시에서 선교용 서적들과 그 외의 소책자들을 팔았는데, 그야말로 보수
없이 일하고 있었다. 그들이야말로 자국인 선교사들이었으며, 파송된 선
교사들의 동역자였다.

병원에서 회심하여 개종한 어떤 신도는 치료를 받는 중에도 신약을 네 번, 구약을 두 번이나 통독했다. 이 사람은 관리직에 있으면서 뛰어난 한문 교육을 받은 덕분에 보통사람으로는 해내지 못할 위업을 성취한 것이다. 이해되지 않고 의문이 생기는 부분에서도 성경이야말로 가장 훌륭한 해설자였으며, 또한 말씀의 참뜻을 이해할 수 있도록 하나님께서 도와주셨다고 그는 고백했다.

한편 의료 사업은 더욱 활발히 진행되었다. 목사인 스크랜튼 박사의 총지휘 아래 서울 중심부에 종합병원 하나와 서울 서쪽으로 4리 떨어진 곳에 진료소를 세웠다.

많은 사람들은 외국인 의사가 어떤 조선 사람에게 눈을 넣어 주었다는 사실을 들었다면서 "조선에 내왕한 모든 외국인들이 교사나 의사처럼 행동한다면 자연히 우리의 마음은 열릴 것입니다. 이런 일은 조선의 돌, 나무, 짐승까지도 감정이 되살아나는 일입니다."라고 하였다.

1898년 한 해가 저물어 갈 무렵 아펜젤러는 봉건사회를 반대하며 사회개혁운동을 벌이다 옥에 갇힌 이승만에게 담요와 음식을 보내고, 그의 가족을 물심양면으로 도와주면서 각별한 인연을 맺게 되었다.

아펜젤러는 "이제 우리의 사업이 여섯째 해를 마감하고 일곱 번째 해로 들어서는 시점에서 우리의 기도와 믿음은 바로 이것이다."라고 스스로를 위로했다. "많은 영혼들이 자유롭게 되는 진리를 깨닫고, 진정한 안식과 평안을 누리게 하옵소서."라고 하나님께 다시금 간곡한 기도를 하였다.

아펜젤러는 이즈음에 수도 서울은 의료 사업과 복음 전파를 겸하여 하기에 좋은 곳이라고 판단하고 있었다. 왜냐하면 벼슬과 관직을 얻기 위해 전국 각지에서 사람들이 모여드는 곳이기 때문이었다. 게다가 이곳은 상업의 중심지이기도 했다. 정기적으로 특별한 모임을 갖고 성경을 함께 공부하며, 이로 인해 찾아오는 사람이 나날이 늘어나는 것을 보고 참으로 마음이 흡족하였다.

점차 교회 문이 열리고 사람들이 모여들자 한 고위 관리는 병원에서 사용하라며 석탄 25부대를 보내 주었다. 그는 병원 사업에 관하여 들었으며, 자신의 나라 조선 백성에게 은혜를 베푸는 일에 매우 감사한다고 전하여 왔다. 그리고 자신도 복음이 무엇인지 공부하고 싶지만 아직 관직에 있기 때문에 성경 공부를 당장에 시작할 수는 없다며 안타까워하였다. 하지만 만일 국왕이 개종한다면 하나님의 나라로 축복을 받으며 나라의 방향이 바뀔 것이라 믿고 있다고 했다.

조선 생활의 구석구석을 여러모로 살피다

그러나 한 시대 한 때나마 평민이나 천민 계층들이 조선의 양반 계층에 억압당하거나 수탈당하는 비참한 모습도 아펜젤러는 그대로 지나쳐버릴 수가 없었다. 손에 흙 한 줌 만지지 않고, 옷에 먼지 하나 묻히지 않고 밤낮 갓을 쓰고 관직을 기다리는 고루한 무리, 이들이 평민 계급을 업신여기는 암담한 사회를 보고 아펜젤러는 과연 무엇을 느꼈을까? 현실보다는 전통에 매여 살면서 애국자들처럼 행세하는 사람, 벼슬로 나라의 녹을 먹는 상류 계급, 이들 대부분이 나라 국권을 일본에 빼앗겨 가는 과정을 무관심하게 지켜보거나 모르고 있었

물레를 돌리는 여인들(1890년)

다는 사실은 매우 서글픈 일이 아닐 수 없었다.

그렇지만 조선 사람들에게는 자랑할 만한 것도 있었다. 자신들의 전통을 명예롭게 생각하고, 조상을 숭상하는 모습이 품위가 있으며, 일상생활에도 예절과 위엄이 있어 보였다.

이처럼 오랜 전통과 관습에 파묻혀 있던 조선 땅에 유례없는 큰 사건들이 서서히 밀어닥치는 징후가 보이기 시작하였다. 그것은 서구의 문명이 조선에 물밀듯이 몰아치는 피할 수 없는 역사의 거센 힘이었다. 이런 징후들을 아펜젤러는 조선 땅에 머무르는 동안 하나도 빠짐없이 주목하고 있었다.

박수무당, 점쟁이, 귀신 물리치는 사람, 또 그들과 함께하는 자들은 그러한 문화 안에서 배를 채우는 인간병균 같았다. 이러한 무리는 사람들의 주머니를 털고 생명까지도 앗아갔다. 전국 어디서나 곳곳에서 볼 수 있는 귀신 섬기는 사당, 나무로 조각한 우상, 헝겊 조각으로 장식한 고목, 탑처럼 쌓아올린 돌무더기, 지붕에 매달린 먼지투성이 물신(物神) 등 미신이 만연하였다.

이러한 미신은 무당이 귀신보다 더 큰 힘을 가지고 있다고 내세우는 것이었는데, 집 짓는 문제나 여행에 관한 문제, 자녀의 결혼 문제, 재물이나 건강을 구하는 문제, 나아가 병을 고치는 문제까지도 미신의 노예가 되어 무당에게 속아 돈을 탕진하는 일이 비일비재하였다. 모든 마을에서는 산신을 달래고 앞으로 닥칠지도 모르는 재난을 막기 위해 신과 통한다는 무당이 굿을 하고, 마을마다 입구에 나무로 조각한 장승들을 세워 놓는 등 서양 문화와는 확연히 다른 모습이 눈에 띄었다.

아펜젤러는 선교사로 처음 조선 땅을 밟았을 때, 어둠의 땅이면서도 한편으로는 황금빛 가능성을 지닌 나라라고 믿었다. 얼핏 겉으로 보기엔 큰 도시가 없는 초라한 촌락에 불과했다. 그러나 얼마 지나지 않아 그는 조선(朝鮮)이라는 이름에 찬란한 아침의 나라라는 참뜻이 깊이 담겨 있음을 알 수 있었다. 불교와 유교의 오랜 역사와 장엄한 고적들이 어우러진 유서 깊은 명승지와 수려한 산천초목, 아름다운 자연천지를 품은 조선은 장차 하나님의 말씀과 예수의 복음을 전파하는 데 무한한 가능성을 가진 나라로 다가왔던 것이다.

아펜젤러가 설교할 때나 기도할 때 언제나 그의 곁에는 행복한 모습의 아내 엘라 닷지 아펜젤러가 있었다. 아펜젤러는 아내를 매우 사랑하고 가정을 아끼는 자상한 사람이었다. 그가 아내를 얼마나 사랑했는지는, 엘라가 결혼 전 헨리에게서 받은 편지를 결혼 후에도 한 장도 빠짐없이 소중히 간직하고 있다가 후에 세상에 알려지게 되었다는 사실에서 짐작할 수 있다. 엘라 닷지와 헨리 아펜젤러 부부의 사랑

엘라 닷지 아펜젤러

은 진실 그것이었다. 헨리는 아내 엘라가 정성스럽게 하나하나 뜨개질하여 만든 벙어리장갑과 시계 줄을 선물 받았을 때와 아내에게 귀한 찻잔을 선물했을 때의 기쁨을 일기에 자세히 기록해 놓았다. 닷지의 헌신적인 내조는 남편이 허다한 난관을 이겨내며 열정적으로 선교 사역을 행할 수 있게 하는 큰 힘이 되었음을 당시 주변 사람들이 기록한 문헌을 통해서도 알 수 있다.

아펜젤러는 또 조선 사람들을 향한 형제애뿐만 아니라 특별히 여자 교

인들에게 신앙의 확신을 심어 줄 수 있는 요소들을 가지고 있었다. 사람들과 담소를 나눌 때마다 돋보이는 그의 풍부한 유머 감각은 참으로 하나님께서 주신 선물이었다.

아펜젤러는 사람들을 만나 사귀는 것을 매우 좋아했는데, 간혹 불편하고 고통스러운 경우도 있었다. 열성이 지나쳐 도를 넘어 극성스러운 교인이 모든 선교 단체들과 선교부를 매도할 때에는 겸손치 못함을 지적하였다. 자만하는 기독교인들, 탐욕스러운 대식가, 야수 같은 호색한, 마음에 품은 우상 숭배 등을 그는 마음 속 깊이 거부하였다.

때때로 시련을 만나고 인내의 한계를 시험받곤 하였는데, 아주 게으르거나 수치심도 모르는 하급 노동자들이 자기 분수에 넘치는 행동을 했을 때, 인정이라고는 눈곱만큼도 없는 토박이들이 위협하려고 했을 때, 또는 제멋대로 주장하는 공문 전달자와 예의 격식도 없이 건방지게 구는 외교관들을 만났을 때 등이다. 이럴 때마다 아펜젤러는 더욱 설교 준비에 집중하였다.

아펜젤러에게는 밤낮이 없었다

그러나 분주한 사역 중에서도 사람들과 곧잘 여가를 즐기곤 하였다. 그는 체력을 유지하면서 자신만의 생활 리듬을 지키기를 원하였다. 또한 정신적 자극을 받기 위해 독서, 대화, 테니스, 실내 게임을 하기도 하였다. 나중에는 이를 위해 스스로 "서울 유니온"을 조직하였다. 그는 조선의 아름다운 경치가 참으로 마음에 들었으며, 초목들을 보고는 감탄을 하지 않을 수 없었다. 이런 연유로 야외로 소풍갈 기회가 있으면 항상 준비를 도맡아 했다.

아펜젤러는 조선의 백성을 이해하기 위한 노력을 아끼지 않았다. 그들과 어울리며 지식을 함양하고, 조선의 역사와 풍속, 그리고 일상생활을 연구하기 위해 "조선아시아학회"라는 기관을 만들기도 했다. 그는 이런 모임에서 스스로 사서(司書) 직을 맡아 활동하였다.

한편 거리에는 두통, 오한, 발열 등을 동반하는 발진티푸스 환자들이 나날이 늘어 갔다. 아펜젤러는 병사자들을 안치할 묘지를 조성하는 일에 골몰하였다. 그리고 오랜 고심 끝에 마침내 이들을 위한 장소를 마련하였다. 그는 아브라함이 아내 사라를 위하여 마련하였던 막벨라 굴을 기억하여 한강변에 외국인 묘지를 만들어 "우리의 막벨라"라고 불렀다. 이처럼 아펜젤러는 정열적인 노력으로 눈앞에 닥친 모든 일을 솔선하여 처리하였다. 그리고 이런 문제들을 해결하기 위한 법인단체를 만들고, 회계 직을 맡아 여러 해 동안 봉사를 게을리 하지 않았다.

하나님께서는 1885년에 조선에 와서 1902년까지 17년간 주님을 기쁘시게 한 아펜젤러를 천사처럼 세워 주셨다. 하나님의 종 아펜젤러를 따르는 사람들에게 성령을 통하여 영적 감화를 주셨다. 주님은 헌신 봉사의 분급과 훌륭한 재능의 은사도 그에게 풍족히 허락하셨다.

아펜젤러는 바쁜 선교 사역 속에서, 미신으로 인한 케케묵은 악습과 싸우면서 그 충격들을 견뎌냈다. 그는 언제나 하나님을 향한 믿음이 당당했으며, 언제나 온화하고 명랑하였다. 선교 병원과 그 주변의 간호사들, 복음을 갈망하는 사람들, 그리고 성만찬상 앞에 모여드는 수많은 교인들과 또 앞으로 있을 수만 명의 사람들이 아펜젤러를 기다렸고, 그가 생존 시 활동하던 모든 사역을 이 사람들이 보도록 주님께서는 함께하셨다.

아펜젤러는 교육 사업과 의료 사업 외에도 성서를 번역하는 일을 열심히 하였다. 당시 우리말로 된 성서가 없었기에 조선인들이 볼 수 있는 성경을 만든다면 효과적인 전도의 도구가 될 것으로 생각했다. 1890년 아펜젤러는 조한규와 함께 「누가복음젼」을 발행하였다. 이는 개역이지만 국내에서 가장 먼저 이루어진 성경 번역이었다. 또한 그가 설립한 "삼문출판사"가 인쇄 발행한 한국 최초의 단편 성서였다. 그동안은 만주와 일본에서 인쇄를 했기 때문에 최초로 성경을 독자적으로 인쇄하여 발행하였다는 점에서 큰 의미가 있다.

한국에서 최초로 발행된
누가복음젼(1890년)

또한 머리카락이 희어질 정도로 밤낮을 가리지 않고 노력한 끝에 1900년 9월 9일, 드디어 한글 신약성서 번역을 완성하고 정동교회에서 감사 예배를 드렸다.

아펜젤러는 예배를 마치고 휴가차 동남아시아와 유럽을 거쳐 고국으로 향하였다. 그런데 여행 도중 고국에 계신 아버지가 세상을 떠났다는 슬픈 소식을 접하게 되었다. 실제로 아버지는 1900년 9월 8일 사망하였으나, 그 소식은 한 달쯤 뒤인 10월 1일 그에게 전해졌다.

1902년 초여름 아펜젤러는 조선 남지방의 감리사로 임명됨으로써 명실공히 감리교회 목회자로서의 중추적인 역할을 도맡게 되었다. 그가 부지런한 기독교인으로 성공하였다는 말을 듣게 된 것은 지상의 영광이나 한낱 변하기 쉬운 미천한 인간성을 칭찬해 줌이 아니다. 그가 존경을 받는 이유는 어디까지나 창조주 하나님의 사랑을 위함이며, 또한 그를 대하는 그리스도인의 기쁨이 되기 때문이었다.

1902년 6월 감리사 일을 수행하던 중 목포에서 열리는 성서번역자회의에 참석하기 위해 내려가게 되었다. 그는 성서 번역을 돕던 조한규와 방학을 맞아 고향으로 내려가는 정신여고 학생을 데리고 인천에서 일본 오사카 선박 회사 소속 구마가와마루호를 탔다. 그런데 일행이 탄 배가 남쪽으로 내려가던 중 군산 앞바다 어청도 근해에서 또 다른 일본상선 기소가와마루호와 충돌하는 일이 발생하였다. 결국 아펜젤러 일행이 타고 있던 배는 침몰하였다. 그리고 그 사고로 아펜젤러는 영원히 잠들고 말았다.

구마가와마루호(558톤 전장 48m)

그는 평상시 수영도 잘하고, 사고 당시 탈출이 용이한 1등실에 있었음에도 목숨을 잃었다. 생존자의 증언에 따르면, 그는 3등실에 타고 있던 조한규와 정신여고 학생을 구하러 배 아래로 내려갔다가 참변을 당했다고 한다. 때는 1902년 6월 11일 수요일 밤, 그의 나이 44세였다.

1902년 8월 신학월보에 실린 기사, 13페이지의 장문으로 아펜젤러의 사고 소식을 전하였다

생존자인 미국인 탄광 기술자 보울비는 다른 이들을 구하기 위해 자신을 희생한 아펜젤러의 모습은 인간애의 극치였다고 회상하였고, 당시 신문들은 이를 크게 보도하였다. 아펜젤러의 마지막 모습은 실로 친구를 위해 목숨을 버린 우

조난 사고를 당하기 직전의 아펜젤러

리 주님의 뒤를 따른 것이었다.

6월 13일, 아펜젤러와 조한규의 장렬한 죽음을 애도하는 추도회가 정동교회에서 열렸다. 상동교회와 동대문교회 교인들이 정동교회에 모였다. 찬미가 166장을 부른 후 전덕기 목사가 아펜젤러와 조한규, 정신여고생과 그의 가족들을 위하여 기도하고, 이화학당 학생들이 찬미가 186장을 노래하였다. 노병선 목사가 시편 90편을 읽고, 중학교 교사 허버트 씨가 아펜젤러의 덕행을 소개한 후 다시 이화학당 학생들이 찬미가 181장을 노래하고, 리경직 목사가 축도함으로 추도회를 마쳤다. 이날 모인 교인들은 약 1천 명이었고, 일본 제일은행 사장 원던 씨가 좋은 꽃화분을 가지고 참석하였으며, 송도감리교회와 충남보은교회 교우들이 애도의 편지를 보냈다.

1902년 6월 13일 추도회에서 사용했던 조가를 소개한다.

아무도 밟지 않는 툭 트인 바다 밑 묘지
많은 사람들이 함께 묻힌 무덤 속에
헨리 게르하르트 아펜젤러는 잠들어 있다
그는 "그의 품에 영혼을 안고" 천국에 들어갔다

고요한 아침의 나라를 놀라게 한 것은
큰 소리나 대포의 연기도 아니며
폭풍 위의 거친 숨결도 천둥도 아니다
다만 고요하고 작은 목소리, 그리스도의 목소리일 뿐

오 한국이여! 그토록 오랫동안 상한 갈대였으며
억압의 수렁에 깊이 빠져 있던 자여,

그대의 고개를 들고 아름다운 햇빛 속에 더 높이 흔들라

오랫동안 연기를 피워온 그대의 꺼져 가는 심지가
이제 불꽃으로 타올라 불을 비추어
순례자들이 그 빛을 보고 빛을 찾으며
하늘의 멋진 탑에서도 그 빛이 보이는도다

그대 희망의 아들들이여,
그리스도가 구속하신 낡은 이스라엘처럼
법이나 깃발이 어떠하건
이제 모든 나라를 위해 기도하라

이전에는 격리된 은자였으나
이제 성령으로 채워진 한국은
모든 나라들이 복을 받고
하나님의 큰 사랑 안에 감싸이기를 갈망한다

편히 잠들라 살아 계신 하나님의 종이여,
그대의 노고는 끝났으니 이제 안식하라
그대의 일을 따르는 자들이 수없이 많으며
한국은 그리스도를 믿음으로 고백하고 있다

그대가 전파한 하나님의 말씀은
이 나라를 밝히 비추는 빛이며

이전에는 어두웠던 이 나라의 얼굴과 가정들이
기쁨이 넘쳐 빛나고 있도다

그대가 신앙의 명확한 비전 속에서 본 것이
이제는 확실히 이루어지고 있으니
조선 전체가 주를 환영하며
주의 발아래 기꺼이 엎드리도다

사랑의 흔쾌한 의무 속에서
참고 견디며 복종하여
많은 용서를 받은 한국은 자신의 빛을 아노니
보라, 새로 태어난 그리스도의 나라이도다

아! 아펜젤러 목사

지금으로부터 125여 년 전 20세기의 문턱에서 이 땅에 들어온 기독교라는 새로운 종교는 자유 민주주의의 꽃으로 그야말로 새로운 나라를 건설하는 데 초석이 되었다. 그런데 오늘 우리의 세계는 아펜젤러가 선교하던 당시와 너무나 동떨어진 감이 있다. 갈수록 그가 꿈꾸던 세상에서 멀어지고 있는 것 같은 현실이 안타깝기만 하다.

헨리 게르하르트 아펜젤러는 어둠의 땅인 조선에 와서 하나님의 축복을 빌며 그리스도의 복음을 전파하고 성령의 열매인 사랑을 실천하리라는 꿈을 끝까지 펴지 못한 채 그렇게 조용히 하나님의 부르심을 받았다. 우리 민족과 교회를 위해 젊음과 생명을 바친 선구자였던 그의 이름은

120여 년이 지난 오늘에도 구원받은 수많은 한국 사람들의 마음에 새겨져 있다. 그의 거룩한 희생을 높이 기려 앞으로도 항상 우리 곁에 있는 영원한 형제로 잊지 않고 언제까지나 기억할 것이다.

2. 헨리의 학창 시절과 목자의 길

아펜젤러는 항상 기쁨을 안고 부모님을 따라 교회에 출석하였다. 대체로 유년 시절을 고향에 있는 코네스토가 강가를 거닐며, 부모님의 사랑 속에서 자랐다. 헨리는 후일 조선에 와서 선교 활동을 하는 동안 가끔씩 힘들거나 고단할 때 고향을 그리워하며 회상했다고 한다.

유년기를 지나 청년기에 이르러 교회 어른들과 접촉하는 동안에는 사랑과 믿음의 인식을 넓혀 갔다. 비교적 이른 나이인 15세에 공립 고등학교를 졸업하고, 19세 때인 1877년에는 웨스트체스터 주립 사범학교를 졸업하였는데, 학비를 벌기 위해 교사로도 일하였다. 1878년에는 아버지의 권유로 더욱 철저한 어학연수를 위해 펜실베이니아 랭커스터의 프랭클린앤드마샬대학에 진학했다. 대학 재학 중에는 감리교회인 랭커스터 제일감리교회에 등록하고, 학생 신분으로 선교 사역을 시작하였다.

24세 되던 1882년에 본격적인 신학 공부를 하기 위해 드류신학교에 입학하였으며, 27세 되던 해에 졸업했다.

헨리는 대학을 다니며 방탕한 길로 빠지지 않고 진심으로 성령의 충만함이 있는 믿음을 키워 나갔다. 사람들을 언제나 따뜻함으로 대하고, 남을 이해할 줄 아는 너그러운 성품을 지녔다. 그리고 늘 자신의 의무에 충실하고, 학업에도 최선을 다할 뿐만 아니라 어떤 분야에서도 잘 이겨 나가는 인내심이 있었다. 집안의 농사일과 여가활동이나 운동 등 모든 분야에 열심이었던 청년 헨리는 사람들에게 늘 사랑을 받았다.

학업 외에도 나무나 풀베기 작업, 포도 밟기 또는 심부름을 잘하는 젊은이로 통하였으며, 스스로 자신을 쓸모 있는 인간으로 키워 나가기 위해 노력하는 사람이었다. 또한 하늘과 땅, 주변의 모든 자연을 사랑하며 스스로 터득하는 법을 익혀 나가 진심으로 흙을 사랑하는 사람이 되었다.

헨리는 하나님의 전사(戰士)라고 말할 수 있는 사람이었으며, 후일 예수의 군사답게 행동하였으니 두려움과 수치심이 없는 영웅적인 기독교인으로 성공할 수 있었다. 눈에 보이지 않는 영원한 것들에 대한 그의 비전은 확고하였다. 피조물을 통하여 하나님의 계시를 듣고, 모든 사람이 자신감을 갖도록 만들었다. 아버지 하나님께서 주신 하늘과 땅의 모든 권세를 가지신 주님께 항상 감사하는 마음으로 살았으며, 회심을 경험한 1876년 10월 1일을 자기 영혼의 생일로 삼아 이날을 영원히 간직했다.

자신을 시험해 보다

헨리는 대학 과정을 마칠 때까지 학비를 마련하기 위해 교사 생활을 했는데, 이것은 그가 자신의 능력을 시험해 보는 기회가 되었다. 그는 고향

마을의 코네스토가 강변을 거닐며 자주 묵상에 젖었으며, 장차 세상을 헤쳐 나가기 위한 지혜를 터득해 나갔다. 이때 그의 가슴에 닿은 두 가지가 있었으니, 하나는 하나님과 부모님의 은혜요, 또 하나는 앞으로 걸어 나갈 용기였다. 이런 생각은 그의 일생을 통해 큰 영향을 주었다.

랭커스터 대학 시절인 1879년의 교회 생활은 그의 생애에서 큰 전기가 되었다. 그러나 다른 한편으로는, 여러 교단의 교회에 참석하면서 한때는 불안 상태를 겪었으며, 이에 따라 자신의 영적 상태에 불만을 갖기도 하였다. 논쟁과 고뇌 끝에 마침내 부흥회에 참석하여 은혜를 체험한 후, 개혁교회에서 감리교회로 옮김으로써 그는 감리교회의 완전한 신도가 되었음을 기뻐하였다. 그의 가슴은 '오직 우리 주, 곧 구주 예수 그리스도의 은혜와 저를 아는 지식에서 자라가리라.'는 뜨거운 영감으로 가득했다.

헨리에게 그리스도인의 생활이란 무엇이었을까? 그것은 그리스도를 위한 즉각적인 봉사를 의미했다. 그는 경건한 척하면서 실제로는 아무것도 하지 않는 사람, 예수님이 비유로 말씀하신 선한 사마리아인과는 정반대인 사람, 자기만 정통성이 있다고 주장하는 게으름뱅이 등을 경멸하였다. 이 무렵 헨리는 진심으로 영혼의 목자인 선교사가 되기를 결심하기에 이르렀다.

어떻게 하면 가장 복음을 잘 전파할 수 있는지를 배우기 위해 랭커스터에 있는 작은 예배당에서부터 선교를 시작하였다. 우선 과학과 예술 분야를 꾸준히 공부하고 전달하는 가운데 어느덧 헨리는 유창하고 설득력 있는 작은 선교사가 되었으며, 청중의 마음을 사로잡을 수 있었다. 하나님이 항상 축복을 주시는 것인지도 실제로 시험해 보기로 하였다. 하나님의 명령에 따라 사랑으로 순종하는 하나님의 자녀가 되기 위함이었다. 이 때문에 선교의 불길이 헨리의 가슴속에 타올랐다.

지적으로도 더욱 성장하다

헨리의 부모는 할 수 있는 한 아들 헨리의 지적 성장을 위한 후원을 아끼지 않았다. 총명한 소년 시절, 그리고 열성적이었던 청년 시절을 거치는 동안에도 헨리가 지적인 면을 성실하게 성장시켜 나갈 수 있었던 데에는 이러한 부모님의 노력이 크게 작용하였다. 대학을 졸업하고 문학사가 된 헨리는 다시 신학교에 정진할 수 있었다. 뉴저지 주 매디슨에 있는 드류신학교 시절에는 주위 사람들로부터 판단력이 뛰어나고 부지런한 학생이라는 평판을 들었다.

헨리가 하나님께 받은 은사 중 하나는 각 사람의 재능을 알아보고 적절히 등용하는 능력이었다. 사람들과 담소할 때에는 뛰어난 유머 감각과 재미있는 이야기나 농담의 요점을 재빠르게 파악하는 것도 중요하다고 생각했다. 사물을 파악할 때면 기분 좋게 할 것을 빨리 판별해 냄으로써 자신과 다른 사람들을 흥겹게 하였으며, 탁월한 재치와 유머는 결과적으로 많은 사람들과 형제같이 가까워질 수 있게 하였다.

헨리는 12세가 되던 1870년경부터 일기를 썼다. 이처럼 소년 시절부터 글을 쓰던 습관은 평생 그가 체계적으로 잘 정리된 사고구조를 갖는 데 적지 않은 힘이 되었으며, 그의 잘 다듬어진 사고는 토론회나 대중 강연에 나섰을 때 명확성을 확보해 주었다. 어린 나이에도 불구하고 그는 때로 어른다운 성숙한 면모를 보였다. 또한 잘 단련된 신체와 매사에 정숙하고 청결하며 때로는 강하고 또 어떤 때는 용감하며, 사람들 앞에서 어느 때나 겸손을 잃지 않을 만큼 잘 조화된 인격으로 성장하여 갔다.

단정한 생활

아펜젤러는 반듯하고 건강한 젊은이였다. 그의 가슴은 항상 성령이 충만했으며, 방탕함이라고는 상상조차 할 수 없었다. 신학교 동료였던 앤더슨 감독은 후일 헨리 아펜젤러가 세상을 떠난 후 이렇게 기록하였다. "몸이 늘 건강하고, 날카로운 눈매에 집중력이 대단했으며, 학자적인 면모를 갖추고 있었다. 그는 늘 비상시를 대비해 힘을 비축해 놓았다. 학창 시절 내내 학업에 충실하였을 뿐 아니라 평소에도 항상 부모님이 베풀어 준 은혜에 깊이 감사하고 이를 활용하며 효도하려는 마음을 잃지 않았다."

12세가 되던 1870년부터 1902년 44세의 나이로 사망에 이르기까지 32년간 헨리 아펜젤러가 쓴 생생한 일기의 내용과 그를 지켜보았던 많은 사람들은 말한다. "아펜젤러는 그가 살아온 인생의 주제가 발끝에서 머리끝까지 용맹이 넘쳐흐르는 전신갑주를 입은 하나님의 전사(戰士)였음이 입증되었다."

아펜젤러는 두려움이 없고 수치스러운 일들도 없었던 영예롭고 영웅적인 기독교인이라는 찬사를 받았다. 그는 오직 영적인 삶에 머물렀으며, 깊은 영적 세계로 들어갈 수 있는 것이라면 모든 것을 희생하면서까지 그것을 사모하였다. 영혼을 갈구하는 헨리의 모습은 참으로 위대한 것이었다. 그는 이렇게 말했다.

그가 신실한 회개를 경험한 것은 청년 시절 웨스트체스터에서였다. 영적인 풍성함이 난생 처음으로 가슴에 다가온 것은 고향에 있는 한 장로교회에서였다고 회상한다. 죄 있는 사람은 확신을 갖고 빛을 주시는 하나님 말씀을 받고 하나님의 도우심으로 마음속에 성령을 받아들임으로써 마음이 완전히 열릴 때 믿음을 보장받게 되며 하나님의 새로운 종으로 변화되는 것이라고 믿었다.

헨리는 하나님 아버지의 섭리 안에서 세상 모든 것이 이루어지며, 하늘과 땅에 아버지의 영광을 위하여 모든 것을 주심에 진심으로 감사하였다. 웨스트체스터의 장로교회에서 복음 전도자 풀턴(Fulton) 목사의 감명 깊은 설교를 들은 것을 일생동안 그는 큰 감동으로 여겨 이날을 영적인 생일로 삼았다.

헨리 아펜젤러는 랭커스터의 학창 시절을 그리워하였다. 그는 이곳에서 일생을 통해 잊을 수 없는 몇 가지 큰 사건을 경험하였는데, 그것은 세상 어떤 것보다도 하나님께서 사람들에게 주시는 사랑의 큰 명제(命題)였다. 이는 그가 신실한 인간으로 성장하고, 위대한 선교사가 되기까지 그에게 큰 도움을 주었다.

이후 그는 학교에서 기도회 모임을 자주 열었는데, 이는 수년간 계속되어 나중에 웨스트체스터의 YMCA로까지 발전하였다. 이런 경험 속에서 그는 델라웨어에서 한 학기 동안 교사로 봉직하였다. 이런 생활은 그 후 랭커스터 엘리자베스타운에서 대학 과정을 마칠 때까지 학생들을 가르치며 봉사하는 기초가 되었다. 이 시기야말로 자신이 정말 무엇을 알고 있고 무엇을 모르며, 무엇을 해야 하는지를 판별할 수 있는 참다운 수양의 기간이었다.

미국 역사상 매우 유서 깊은 랭커스터

랭커스터는 미국 독립전쟁 당시 영국군이 펜실베이니아를 점령했을 때 미국 독립군의 수도로서 큰 자취가 남아 있는 유명한 도시다. 헨리는 영국 식민지 시대에 미국이 독립을 위해 발버둥 쳤던 바로 이 격랑의 고장 옛터에서 감수성 깊은 청년 시절을 보냈다. 또한 이곳은 인생의 영적 생활을 막 시작하려고 한 값비싼 요람지로, 헨리가 일생동안 애정을 갖고 두고두고 기억하는 고장이다. 이곳은 노예제도를 반대했던 많은 인사들 중 특별히 이름 높은 스테판(Thaddeus Stephens)이 평생 살다가 간 곳으로, 지금도 이곳에는 그의 무덤이 남아 있다. 랭커스터는 훌륭한 애국자들에 대한 추모의 정을 불러일으키는 감회어린 고장으로, 이곳에서 자란 헨리도 훌륭하고 군건한 미국인이 되었다.

랭커스터 근교에는 유서 깊은 코네스토가 강이 흐르는데, 그 강 이름은 원주민 추장의 이름을 딴 것이며, 후일 이곳에서 생산한 유명한 마차의 이름이기도 하다. 그 옛날 독일계 이민자들이 이 지역으로 옮겨올 때 이 마차를 이용하였는데, 아내와 자녀들을 태우고 이동하는 동안 경험한 이 개척자들의 울고 웃는 사연들이 지금까지 남아 있다. 헨리의 조상도 바로 이런 전설적인 이야기에서 예외일 수 없다. 헨리의 고향이기도 한 랭커스터의 산과 들은 모두가 그에게는 깊은 사연이 있는 곳이다. 언덕과 시내와 바위까지도 낭만과 모험의 역사를 말하게 되는 시적 감정을 불러일으킨다. 아름다운 이 고장에서 피를 이어받고 자라난 헨리의 정감이 풍부했던 것은 어찌 보면 당연한 일이었다.

랭커스터의 대학 시절, 헨리는 장로교인 학생들과 논쟁을 벌인 일도 있었다. 그의 양심에 따라, 대학이라는 훌륭한 이름 아래서 규율을 위반하는 학생들을 공박한 것이다. 어느 날 학급 회의에서 하루 수업을 받지 않고 도망하기로 결정하였을 때에도 헨리는 그것에 항의하며 모든 수업에 참석하였다. 몇몇 학생들이 청교도적이라며 비난하였을 때에도 그들을 이해하며 인정하였다. 헨리는 그리스도인의 생활이 무엇인지를 잘 알고 있었기 때문이다.

어떤 장로교회 학생은 칼빈주의만큼 인간의 죄악을 깨끗이 씻어 주는 것이 없는데, 왜 장로교회를 버리고 감리교회로 바꾸었냐고 물었다. 그에게 헨리는 이렇게 대답했다. "나는 정말로 행복해서 할렐루야를 외치고 싶었지. 하지만 장로교회에선 그렇게 할 수 없었어. 그래서 나는 마음껏 할렐루야를 외칠 수 있는 감리교회로 옮겼지. 하나님의 계획 속에는 우리 모두를 위해 자리가 마련되어 있으리라고 생각해. 나는 전보다 더 감리교회를 좋아하고 있어. 전엔 별로 좋아하지 않았거든. 내가 전에 살던 곳엔 감리교회가 없었어. 그러나 선교 활동을 시작한 다음 장로교회뿐만 아니라 감리교인들 중에도 하나님의 사람이 있음을 비로소 알게 되었지."

마침내 선교사가 되기를 결심하다

헨리는 행동과 동떨어진 지식이란 질병이나 죄악과 마찬가지라고 생각했다. "내 어린 양을 먹이라."는 주님의 명령은 그 옛날 33년경에 하신 말씀이 아니라, 1879년 오늘 그의 앞에서 하신 말씀인 것처럼 그에게는 실감 나게 들려왔다. "지극히 작은 자에게 하지 않은 것이 곧 내게 하지 아니한 것이라."고 하신 주님의 말씀은 참으로 거룩하고, 그 옛날 시내 산에서 하신 주님의 절대적인 명령과도 같아 보였다.

이에 헨리는 영혼의 목자와 선교사가 되기로 다시 한 번 결심하고, 어떻게 하면 복음을 잘 전파할 수 있을지 곰곰이 생각해 보았다. 그리고는 실제로 훈련을 해 보아야 한다는 결론에 이르렀다. 그래서 랭커스터에 있는 작은 예배당에서 설교를 시작한 것인데, 후일 동방의 나라 조선에서의 설교는 이 젊은 목자 시절에 싹트기 시작한 것이다.

헨리는 이제 본질적인 신학 이론에서 실천으로 옮기면서 신학 공부에 몰두했다. 랭커스터의 프랭클린앤드마샬대학에서 언어학을 공부한 헨리는 뉴욕에서 서쪽으로 약 40km 떨어진 매디슨에 가서 목사가 되기 위하여 드류신학교에 입학해 신학을 전공하였다. 자연공원에 둘러싸여 원시적인 정감을 풍기는 매우 활기 있는 캠퍼스였다. 이 대학 이름이 드류가된 것은 평신도이며 뉴욕 월스트리트 증권가인 드류의 기증이 있었기 때문이라고 한다. 1880년 이 대학의 권위 있는 교수진들이 성경백과사전을 출판한 것으로도 이름난 대학이다.

이 대학의 교수들은 아펜젤러를 판단력이 뛰어나고 부지런한 학생이요, 교수들에게 기쁨을 주는 사람이라고 칭찬하였다. 그는 특별히 그리스어에 뛰어났는데, 이때부터 이미 신약전서를 조선어로 번역할 수 있는 자질을 갖추었던 것이다. 그는 대학과 신학교 시절에 대부분 자신의 힘으로 생계를 유지해야 했던 터라 이 대학의 크룩스 박사의 개인 비서로 일하였다. 이 교수는 헨리가 어떤 과제를 맡겨도 뛰어난 실력을 보여 주어 무엇이든지 맡길 만한 조교였다고 칭찬하였다. 교수들의 따뜻한 인간미와 친절한 배려로 그는 모든 학급 기도회에 참석하였고, 그치지 않는 흥미와 영적 충만함을 갖게 되었다.

처음으로 심방에 나서다

헨리는 토요일이면 심방을 하였으며, 주일에는 설교하는 일에 열중하였다. 이때 맡았던 지역은 몬트빌과 뉴저지의 산악지대인 테일러타운이었다. 메마르고 힘겨운 곳이었지만 그의 신앙에는 변함이 없었다. 그린빌리지의 한 교회에서 봉사 활동도 바쁘게 해 나갔다. 물론 그의 설교를 듣는 교인들 중에는 배타적이며 그를 비판하는 이들도 있었다. 거룩한 선교

사역자로서의 대접을 받지 못할 때도 있었다. 그는 자신의 사역을 마냥 따뜻하게 공감해 주는 분위기만은 아니라는 것을 잘 알고 있었다.

종종 경험했던 사려 깊은 부인들의 따스한 대접과 친절은 처음 심방하는 초년 목회자의 마음에 자리 잡은 기세당당한 자만심 같은 것을 누그러뜨리는 데 한몫을 하였다. 이들은 친절한 조언과 함께 젊은 신학생에 대한 솔직한 느낌과 생각을 들려줌으로써 그가 올바른 방향으로 나아갈 수 있도록 도와준 것이다.

헨리는 자신의 일을 매우 좋아했으며, 지난날의 귀한 경험과 깊은 은혜 안에 있던 영혼은 항상 기쁨으로 충만해 있었다. 아름다운 목소리와 음악에 대한 정열 때문에 그의 입술에서는 늘 찬송가 곡조가 흘러나왔다. 그가 즐겨 부른 찬송가는 "주여, 제게는 근심이 없나니" "지난 이레 동안에 예수 인도했으니" "고요한 바다로" "이 땅에 왔던 왕들은 다 지나갔으나" "주 예수 우리 구하려 큰 싸움하시니" 등이었다. 이 중 "고요한 바다로"는 후일 그가 공교롭게도 바다에서 순직하였으니, 그에겐 매우 운명적인 가사가 되고 말았다.

헨리는 부지런하고 뛰어난 재능으로 교회에서 찬양을 지도할 뿐만 아니라 갖가지 잡역부로서도 즐거이 봉사함으로써 교인들에게 깊은 인상을 심어 주었다. 그는 웨슬리의 표어대로 강론함으로써 뉴저지 지방에서는 그를 신실한 감리교도요 살아 있는 찬송가라고 높이 칭찬하였으며, 그가 인도하는 교회는 날로 성장해 갈 수 있었다.

헨리는 어느덧 감리교회 지도자의 본보기가 되었다. 그는 매일같이 다양한 일정에 따라 여러 심령들을 질서 있고 체계적으로 훈련하는 데 숙달되어 갔으며, 재정 관리와 권징에도 능숙해졌다. 훗날 그의 친구는 헨리를 따라 몬트빌에 왔을 때 흐트러짐 하나 없이 모든 것이 잘 정리되고 조직되어 있음에 크게 놀랐다고 했다. 몬트빌의 청년들이 목자인 헨리에게 성서를 선물하였는데, 그가 애지중지하는 말씀 연구용 성서가 되었으나 안타깝게도 훗날 일본 고베에서 분실하고 말았다.

그는 설교 중에 유머러스한 자신의 능력을 드러내었는데, 이는 하나님이 주신 축복 중의 하나라고 생각하였다. 이러한 능력 때문에 후일 조선 땅에서 많은 사람들이 믿음의 형제가 되고, 주님을 함께 따르는 제자들이 될 수 있었다. 이러한 미국인의 재치는 조선 땅의 많은 비기독교인들의 마음을 여는 데에도 큰 도움을 주었을 것이다.

모기와의 전쟁

헨리는 모기 없는 고향을 떠나 모기가 많기로 소문난 지방으로 선교를 나가면서 모기와의 전쟁 때문에 고심한 적도 있었다. 잠 못 이루게 하는 이 조그만 벌레 때문에 큰 어려움을 겪었다. 1873년에 이르러 한 과학자는 모기가 말라리아 병균을 옮긴다는 학설을 내놓았다. 그래서 공부하던 이 중요한 시기에 모기 때문에 여간 신경이 쓰이는 것이 아니었다.

매년 9월이나 10월만 되면 극성을 부리는 모기 때문에 일부 학생들은 낙제하는 일까지 생겼다. 헨리는 다음날 학생과 교수들 앞에서 설교 시험을 보아야 했다. 설교자로서의 영적 준비뿐 아니라 건강상 주의도 게을리 할 수 없었다. 결국 그는 동료에게 모기장을 빌려 설교 시험 준비를 하였다. 이때 설교 본문은 "다른 이로써는 구원을 받을 수 없나니 천하 사람 중에 구원을 받을 만한 다른 이름을 우리에게 주신 일이 없음이라(행 4:12)."였다. 준비된 헨리는 멋지게 설교를 할 수 있었다.

선교사의 소명

헨리는 해외 선교사가 되기 위해 기본적으로 어떤 자질을 갖추어야 하는지를 연구하기 시작하였다. 그리하여 첫째가 점진적인 확신이요, 둘째는 소명에 대한 복종이며, 셋째는 온전한 헌신임을 깨달았다.

1881년 2월 19일 대학 3학년 23세 때의 일이다. 교회에서 설교를 듣고 난 후 헌금하는 시간이 되었는데, 갑자기 당황스러운 일에 맞닥뜨렸다. 주머니에 돈이 얼마 없었던 것이다. 결국 그날 헨리는 2달러 50센트의 헌금을 할 수밖에 없었다. 그리고 1주일 후인 1881년 2월 26일 헨리는 일기에 이렇게 기록하였다. "그러나 나에게 야망이 있다면 그것은 주님께 봉사하는 데 완전히 헌신하는 것이다."

이 무렵 헨리는 일본 선교사가 되려고 하였다. 그는 친구 워즈워드와 함께 일본에 관한 몇 권의 책을 구입하여 흥미롭게 읽었다. 그 책들은, 일본은 천황을 중심으로 민족의 단결력을 과시하는 나라로 이야기한 반면, 조선은 조용한 나라, 나약한 은둔의 민족으로 설명하였다. 그러나 워즈워드는 아침의 나라 조선에 가겠다는 희망을 품고 있었다.

이때 미 해군 외교관 슈펠트 제독은 1854년에서 1883년 사이에 해군이나 육군의 도움 없이 당시로서는 고성능 기선이던 미시시피호로 1854년 3월 31일 요코하마를 단독으로 개항시켰고, 이어 1854년 7월 11일에는 오키나와를 개항시켰다. 슈펠트는 한 걸음 더 나아가 미국이 무역과 상업을 통해 일본에 진주할 수 있는 길을 터놓았다.

신학교 학생들이 "미드홀 안에 있는 커다란 거실"에 들러 헨리와 워즈워드와 이야기를 나눌 때면 화제는 곧 조선으로 옮겨갔다. 여러 사람들이 해외 선교 문제로 옥신각신하였으나, 나중에 이 두 사람만이 해외 선교를 놓고 기도하기 시작하였다. 사람들의 눈에 조선은 별로 들어오지도 않는 대상이었다. 이러한 상황에서 조선에 가고자 하는 논의는 모든 사람에게 관심 밖의 일이었다. 이 지역에 선교에 필요하다는 영적인 갈망조차도 없었다. 그럼에도 불구하고 소수의 드류신학교 학생들은 지도를 펴놓고 선교 지역으로 어떤 곳이 적당한지를 찾아보았다. 그들은 미국의 새로운 조약국이 아프리카나 지중해 지역이 아님을 보고 놀라지 않을 수 없었다. 헨리는 이 사실이 그에게 매우 희망적인 것이라고 생각했다. 당시 공론지에 조선에 관한 논설 등이 게재되면서 다양한 통계 자료들이 속속 모아졌다. 또한 미국 의회도 조선이 미국의 무역과 거주를 위해 문호를 개방하도록 하는 데 관심을 집중하였다. 한 걸음 더 나아가 어떤 상원의원은 조선과 조약을 맺도록 하는 심의위원회를 구성하고, 25만 달러를 책정하는 결의안을 제출하였다.

당시 〈인디펜던트〉와 〈선데이매거진〉 같은 정기간행물에는 조선에 관한 글이 실리기 시작하였다. 편집진들은 종종 미개한 야만인들을 위하여 너무 많은 지면을 할애하지 말라는 경고를 받기도 하였다. 이러는 동안에 조선 땅에는 기근이 극심하여 들판이 사람의 유골로 가득 채워질 정도가 되었으며, 일본에 수출하는 황소뼈 화물 속에 사람의 뼈가 들어 있는 괴상한 일들도 속출하였다.

이때 헨리의 신학교 친구 워즈워드는 새로이 문이 열린 조선 땅에 가기로 결심하고, 미국 감리교회 해외선교부에 실제로 자청하여 그 요청이 받아들여지기까지 하였다. 그러나 어찌된 영문인지 워즈워드는 후에 개인적인 사정으로 조선에서의 선교 사역을 포기하였다. 이제 해외선교부는 누가 그를 대신할 것인지를 놓고 부심하였다. 바로 이때 헨리 게르하르트 아펜젤러가 일본 열도에서 조선 땅으로 눈을 돌리게 되었다.

마침내 조선에 선교사로 가기로 큰 결단을 내리다

1882년 10월 22일 기도회가 끝난 뒤 헨리는 친구 워즈워드에게 그의 선교 소명에 대해 다시 한 번 심각하게 물어보았다. 헨리는 이미 이전에 일본으로 선교하러 가는 문제에 대해 깊이 생각한 바 있었다. 그는 하나님이 자신을 해외 선교지로 부르신다고 생각하며, 이를 큰 영광이요 은혜로 여겼다. 이제 자신에게 조선에 가라는 결정을 주신 것으로 마음을 굳게 정하였다. 헨리는 곧바로 애인인 엘라 닷지에게 장문의 편지를 썼다. 그와 인생의 동반자로 이미 언약한 바 있는 이 신실한 믿음의 여성은 뉴욕 렌슬러에 있는 베를린에서 태어났다. 엘라 닷지는 이미 1879년 4월에 랭커스터에 와 랭커스터 제일감리교회에 출석하고 있었다. 그의 뿌리는 닷지라는 이름에서 시작된다. 당시 뉴욕뿐 아니라 미국 전역에서 박애주의자요 성공한 사업가로 잘 알려진 윌리엄 닷지가 그의 조상이다. 윌리엄 닷지는 미국과 미국교회에서 명예로운 가문을 이루어 냈다. 닷지라는 이름을 가진 미국 국민들은 대부분, 영국 체스터에서 1629년에 대서양을 건너 미국 매사추세츠 살렘으로 건너온 이 청교도 윌리엄 닷지의 후손이다.

엘라 닷지는 닷지 가문의 명성에 손색없는 여성으로서, 헨리를 만나 그를 사랑하며 날마다 "나라가 임하옵시고"로 기도하는 신실한 그리스도인이었다. 그녀는 그리스도를 위해서라면 장차 가족과 친구들을 떠나 해외 어디로든지 나가 선교할 일을 기쁘게 여기고 있었다. 학업을 위해 뉴욕 주 알바니(Albany)에 잠깐 머문 것을 제외하고는 20세가 될 때까지 고향집을 떠난 적이 없는 정숙하고 겸손한 여인인 그녀는 랭커스터에 있는 제일감리교회에서 헨리를 알기 전까지는 침례교인으로 성장하였다.

1883년 10월 24~28일 전국 신학교동맹 집회가 코네티컷 주의 하트포트에서 열렸다. 이 집회에는 각 교회를 대표하는 저명한 인물들이 많이 참석하였다. 이 중 두드러지게 활약이 많았던 인물로 호레이스 그랜트 언더우드가 있었는데, 그는 미국 개혁교회 신학교에서 교육받은 사람이었다. 후일 호레이스는 헨리와는 가장 가까운 친구요, 동지이며, 조선 땅에서 함께 선교 사역하는 장로교회 선교사가 되었다.

개혁교회는 이미 인도, 중국, 일본 등지에서의 선교를 적극 지원하고 있었으나 조선까지는 선교지로 삼지 못하였다. 이때 언더우드는 북장로교회 소속으로 조선에 파송되어 온 개척자로, 사전 편찬가, 번역가, 선교사로 선구적인 선교 사역을 행하였다. 나중에 조선 감리교회의 아펜젤러와 장로교회의 언더우드는 서로 뜻이 잘 맞아 많은 시간 함께 사역을 하고 예배도 드렸다.

헨리는 250명의 신학도와 함께 뉴잉글랜드 예일에서 랭커스터 대표들과 만날 수 있었다. 이 집회에서 그의 참가 번호는 345번이었다. 이때 그를 포함한 4명의 학생들은 독실한 감리교도였던 라티머(R. R. Latimer) 부부의 집에서 머물렀다. 헨리는 그곳에 머무는 동안 감리교회에서 열정적인 설교를 하였다. 하트포트에서의 모임을 귀중한 경험으로 삼고 그곳을 떠나면서 하나님의 은혜에 다시 한 번 감사를 드렸다. 그리고 조선에 가서 예수의 복음을 전파해야겠다는 생각을 더욱 굳혔다.

하트포트를 다녀온 얼마 후인 1883년 12월 31일 송년의 날, 루터 탄생 4백주년 기념식과 함께 풍성했던 한 해를 돌아보며 헨리는 하나님께 뜨거운 감사의 글을 썼다. 감리교회의 관습에 따라 호레이스 언더우드의 집과 자신의 집에서 번갈아 가며 예배를 드렸다. 제야의 종이 울리는 가운데 다음과 같은 찬송가를 불렀다. "바뀌어 가는 해와 함께 주님을 좇는 마음을 새롭게 합시다. 주님이 오실 때까지 결코 멈추지 맙시다."

1884년 12월 17일 크리스마스를 1주일 앞두고 헨리 아펜젤러는 엘라 닷지와 결혼식을 올렸다. 랭커스터의 추억어린 제일감리교회에서 식을 마친 후 그는 꿈에도 그리던 고향마을 수더튼의 농가를 찾아갔다. 이곳에서 달콤한 신혼과 즐거운 크리스마스를 보내고 있을 때 감리교회 해외 선교부에서 헨리의 조선 선교가 결정되었으니 곧 임지로 떠나라는 통보를 받았다. 불과 한 달도 채 남지 않은 급박한 결정이었지만 헨리는 기쁜 마음으로 교회의 부름을 하나님의 부르심으로 생각하고 순종하기로 하였다.

고향을 떠나기 전 마지막 설교를 하다

평생을 바치는 선교사의 사역을 선택한 아펜젤러는 역사적인 수더튼 개혁교회, 피와 땀으로 얼룩진 추억의 교회, 순교와 영광이 서려 있는 교회, 어머니 게르하르트와 아버지 아펜젤러라는 이름으로 감회어린 조상들이 섬긴 이 교회에서 세상에 나와 처음으로 감격적인 설교를 하게 되었다. 그의 오랜 친구들, 고향마을의 농부들과 마을 사람들, 젊은이들이 설교를 들으러 몰려왔다. 설교가 끝나자 교인들은 헨리를 두고 '멋지고 건장한 젊은 목회자'라고 칭찬해 마지않았다.

그러나 여전히 미래를 내다보지 못한 부모와 친척들은 그처럼 뛰어난 재능을 가진 젊은 청년 목사가 고향에서 큰 기대를 걸 수도 있으련만, 왜 해외 선교사로 나가려 하는지 안타까워했다. 그러나 한편으로는 자부심도 대단했다. 어머니는 자랑스러운 아들에 대한 사랑과 가슴에서 우러나오는 기쁨의 눈물을 감출 수가 없었다.

워즈워드는 자랑스러움과 슬픔이 뒤섞인 헨리 어머니의 눈물을 지켜보았다. 그러나 이제 막 출발하려고 선발된 선교사요 목사인 아들에 대한 기쁨은 다른 어떤 참석자들과도 비교할 수 없었다. 반면 아들을 완전히 신뢰하고 있던 아버지는 슬픔을 금할 수가 없었다. 그러나 아버지는 아들의 장한 결심에 동의하였다. 한편 가정을 지켜온 어머니의 마음을 항상 짓누른 것은 헨리가 혹시 익사하지는 않을까 하는 두려움이었다. 죽기 전 수년간은 이런 근심으로 거의 환상에 사로잡히기까지 했다. 그런데 그녀가 죽은 후 헨리가 실제로 바다에서 목숨을 잃는 참변이 일어났으니, 두 모자가 슬퍼할 운명적인 사건이었다.

헨리의 고향마을 수더튼 사람들이라고 해서 다른 사람들과 다를 바가 없었다. 독일계 펜실베이니아인들이 물질적으로 번영을 이루었다 해도 이것이 곧 그들에게 영적 도움이 되지는 않았다. 물질적 행복이 교육과 성장 등 다른 면에서는 오히려 걸림돌이 되기도 하였다. 특히 랭커스터의 농업에 의한 부(富)는 미국의 어떤 지역보다도 우월한 것이 사실이었다. 뉴욕 맨해튼도 펜실베이니아와 마찬가지로 물질적인 번영이 곧 은혜를 주는 것은 아니라는 교훈을 잘 알고 있었다.

고국을 떠나 조선으로 향할 시간이 다가왔다

드류신학교 교수들과 학생들은 1885년 1월 14일, 기억에 길이 남을 특별 예배를 드렸다. 이날 신학교의 모든 가족이 헨리 일행을 배웅하기 위해 학교에서 그리 멀지 않은 기차역까지 나왔으며, 젊은 학생들은 노래를 부르며 거리를 행진하였다. 그들은 헨리가 멀리 이국땅에 가서 자신들을 대표하여 그리스도의 일꾼으로서의 사명을 다할 것이라고 믿었다. 학생들은 이날 "주 믿는 형제들 사랑의 사귐은" "우리 그 강에서 만날까" 등의 찬송을 불렀다. 헨리는 이날의 추억을 영원히 간직할 것이라며 길을 떠났다.

1884년 12월 4일 뉴욕에서 미국 감리교회 해외선교부 총무 파울러 감독이 의사 스크랜튼에게 목사 안수를 했다. 이때 헨리 게르하르트 아펜젤러가 부임하려는 조선 땅에서는 갑신정변이 일어나 시신들이 거리에 뒹구는 참사가 있었다.

미국 대륙을 동에서 서로 횡단하는 기차에 헨리는 몸과 마음을 실었다. 그리고 드디어 1885년 2월 2일, 샌프란시스코에서 파울러 감독에게 목사 안수를 받았다. 마침내 자연인 헨리가 목사 아펜젤러로 새롭게 탄생한 것이다. 여전히 정변의 전화(戰火)가 가시지 않은 위험한 나라인 조선에 선교사로 가라는 주님의 명령도 받았다. 이제 새롭게 선교사가 된 아펜젤러 목사는 펜실베이니아의 필라델피아연회에 소속하고 싶었으나 서류상의 오류로 뉴저지의 뉴아크연회에 속하게 되었다. 이 오류로 그는 1886년 3월까지 형식상 이 연회에 속하게 되었다.

이제 하나님의 목적을 이룰 아펜젤러는 선교적 미래가 분명하지 않은 신비의 나라 조선으로 여행할 준비를 모두 갖추었다. 태평양을 건너갈 배가 그 큰 바다의 풍랑과 폭풍에도 견뎌낼 수 있도록 도와 달라고 하나님께 기도를 올렸다. 그가 붙잡은 것은 다음과 같은 강력한 약속의 구절이었다. "만군의 여호와가 이르노라. 그것으로 나를 시험하여 내가 하늘 문을 열고 너희에게 복을 쌓을 곳이 없도록 붓지 아니하나 보라." "너희가 나의 친구라." "우리가 하나님과 함께 일하는 자로다." 이렇게 신앙 훈련을 해나가는 동안에 그는 더욱 강건해졌다. 땅 끝까지 창조하신 자는 잘못이 없으시며 결코 헛된 약속을 하지 않으신다고 굳게 믿고 있었다. 아펜젤러는 하나님이 과거에 존재하셨을 뿐 아니라 현재에도 존재하는 분임을 확신했다. 그는 하루하루 오직 신앙의 기쁨으로 충만해 있었다. 장소가 바뀐다 해도 하나님의 약속이 희미해지는 것은 아니라는 그의 믿음은 흔들리지 않았다.

인간 아펜젤러의 신실성

아펜젤러는 강인한 독일계 이민 개척자들의 기질과 피를 이어받아 세상에 나왔다. 뜨거운 햇빛을 받으며 하늘을 찌르듯 억세게 자라나는 억새풀과도 같은 기품이 있었다. 미국 건국 초기 펜실베이니아의 황무지를 일구어 거대한 부자 마을을 이룬 '아펜젤 게르하르트' 족의 성공은 미국 건국 개척사의 전설로 남아 있다.

아펜젤러의 당당한 기품은 어린 시절에서도 찾아볼 수 있다. 유년기를 지나 청년기에 들어선 웨스트체스터 사범학교 시절은 그가 소년의 굴레를 벗고 독립심을 키워간 꿈 많은 사춘기였다. 랭커스터의 수양 시기는 문자 그대로 인간으로 성장하는 가장 중요한 시간들이었다. 그의 생애 중에 가장 추억이 많은 시절일 뿐만 아니라, 많은 학생 중에서 이미 두각을 나타내며 많은 사람들에게 출중한 인물이 될 수 있을 것이라는 인정을 받기 시작한 시기였다. 집회나 예배당에서의 설교는 누가 보아도 일품이었다. 그것은 황금의 청년 시절부터 이미 드러나고 있었다.

아펜젤러의 사랑의 원천은 참으로 신비스러운 데가 있었다. 유별난 어머니의 기질과 가문의 강한 자존심, 그리고 아버지의 묵직한 애정이 결과적으로 이 위대한 목회자 배출의 텃밭이 되었다. 아펜젤러의 인상이 그토록 강렬했던 것은 부모에게서 이어받은 천성도 한몫을 하였다. 빛나는 눈과 혈색, 좋은 신체조건 모두가 그가 선교사로 대성할 수 있었던 원천적인 요소들이 되었다. 그가 평생 술이나 담배 같은 기호품들을 마다한 것은 물론 목회자의 신분 때문만은 아니었다. 이런 생활은 학창 시절의 교양에서

부터 충분히 도움을 주었을 것이다. 그가 문화 수준이 낮은 조선 땅에 들어와 가난하고 게으르며 어둠침침했던 조선 사람들을 일깨우고 이들을 가슴으로 안을 수 있었던 것은 주 예수의 사랑을 진심으로 실천에 옮기려했던 감리교인으로서의 신실한 영성 때문이었다. 이렇듯 온전히 영적인 힘과 건강한 신체적 조건으로 조선 반도 전체를 복음화하려 한 그는 복되고 큰 선교의 사명에 불타오르고 있었다. 그가 조랑말을 타고 전국 방방곡곡을 두루 다니면서 스스로 고난의 길을 택하였다는 사실은 한국 사람들이 무한한 감사와 찬사를 마땅히 아끼지 말아야 할 일이다.

아펜젤러는 선교사이기 이전에 조선과 조선인을 사랑한 잊을 수 없는 은인이요, 언제나 기억해야 할 가장 친근한 한 인간이었음을 아무도 부인하지 못할 것이다. 조선에 오기 위해 배를 타고 그 거센 태평양을 건너올 때의 그의 심회는 과연 어떠했겠는가. 파도가 사나워지고 풍랑이 심해질 때 아펜젤러는 삶과 죽음의 기로에 서 있음을 이미 감지하였을 것이다.

아펜젤러를 더 잘 이해하기 위해 학창 시절로 다시 돌아가 보자. 그는 학생 때 이미 명설교자라는 평판을 들었다. 고향 사람들 앞에서 설교할 때 이미 비범한 설교 방식을 구사하였다. 독특한 유머로 많은 사람들을 감동시키고, 감리교인으로 교회에 입교시키는 데 큰 역할을 하였다.

그는 유망한 선교사가 되기 위하여 부지런히 노력하였다. 그래서인지 사람들이 '애어른'이라고 부를 만큼 나이에 비해 성숙하였다. 하나님 앞에서는 모든 사람이 부족한 존재이기에, 그가 숨은 노력을 함으로써 사람들에게 큰 칭찬을 받은 것은 결코 우연한 일이 아니다. 그가 젊은 날 하루도 빠짐없이 쓴 일기에서 그의 모습을 생생하게 엿볼 수 있다. 또한 친구에게 보낸 서신에서도 그의 인간됨을 찾아볼 수 있다.

아펜젤러가 많고 많은 인생 항로 중에서 목회자를 원했던 것은 세상을 바꾸려는 그의 원대한 희망 때문이었다. 하나님 나라를 건설하고 예수의 복음을 세상 끝까지 전파하려는 거룩한 욕심 때문이었던 것이다. 그가 젊은 날에 매일같이 기쁨을 안고 살았던 것은 하나님을 섬기고 예수를 전해야 한다는 일관된 믿음에서 비롯된 것이었다. 또한 어머니 말씀에 순종하고 아버지의 애정에 답하려는 효심도 늘 잃지 않고 살았다.

젊은 아펜젤러는 부인과 가족을 무척 사랑하였다. 그리고 선교 대상이었던 그 많은 사람들을 진심으로 아꼈다. 그의 부드러운 미소는 모두를 포용하는 힘이 있었다. 그는 사랑으로 설교하고, 늘 연구하는 목회자였다. 칼이나 창보다 고귀한 것이 사랑임을 입증하고 있었다.

아펜젤러는 조선을 사랑하기 위하여 모든 모험을 무릅쓰고 용기와 지혜를 아끼지 않았다. 이러한 힘의 원천은 모두 랭커스터의 학창 시절에 터득한 것이다. 그는 언어 학교에서 그리스어를 즐겨 공부하였다. 시시각각 닥쳐오는 위험과 아픔을 눈물의 기도로 이겨나갔다.

그의 영적인 감수성이 위대한 선교사를 키워냈다

훌륭한 선교사의 입지를 만들어 낸 영적인 요람은 바로 대학 시절 열정을 쏟아 부었던 미국 개혁교회 정신에서 시작된 것이다. 그는 좁은 독방과 울타리 안의 집과 신학교에서보다 넓은 세계의 들판으로 날개를 펴려 하였다.

아펜젤러에게 복음의 문제는 지리적인 것이 아니라 인간적인 것이었다. 그는 하나님이 부르신다면 언제든지 가서 복음을 전파하려는 뜨거운 가슴과 사명으로 충만하였다.

아펜젤러는 대학 과정을 거치는 동안 감리교인이 되었으며, 온갖 정성을 다하여 영적으로 감화된 인간이 되었다. 그가 학창 시절에 이미 명석한 설교자가 될 수 있었던 것은, 최선의 설교 방법은 부지런히 설교하는 것임을 스스로 깨달았기 때문이다.

아펜젤러는 윤리적이고 영적인 삶을 살기 위해 청교도의 정신을 발휘하였다. 젊은이나 노인에게는 언제나 매력이 넘치는 좋은 사람으로 통하였다. 학창 동기인 워즈워드가 쓴 「은둔의 나라 조선」에서 적지 않은 영감을 얻을 수가 있었다. 그는 금기의 땅인 낯선 조선에 관한 독서와 학습을 통해 동료 학생들에게까지도 그 영향을 미칠 수 있었다.

헨리는 대학 시절 개혁교회에서 감리교회로 옮겼다. 그 첫 번째 사명은 선교사였으며, 그 첫 번째 파송은 랭커스터 제일감리교회가 운영하는 작은 선교지였다. 그는 랭커스터의 프랭클린앤드마샬대학의 교양학부를 늘 명예롭게 생각하였다. 그리고 드류신학교라는 장엄한 환경에서 인품과 재능이 우수한 최고 선교사의 자질을 키우기 위하여 철저한 훈련을 받았다. 그리고 이 대학의 권위 있는 교수에게 철저한 교습과 지극한 지도를 받은 후에 교회가 자랑할 만한 뛰어난 학생으로 배출된 것이다. 훌륭한 교수들 밑에서 보낸 학창 시절의 기억들은 평생 선교 사역에 커다란 영향을 주었다. 아펜젤러는 신학교를 졸업하기 전에 이미 마음속으로 해외 선교에 헌신하기로 결심한 터였다. 자금으로 한때 곤란할 때 볼티모어의 가우처 박사가 바친 헌금으로 비로소 미국 감리교회의 한국 선교의 문이 열리게 된 것이다.

3. 조선에 온 감리교회 처음 선교사

조선으로 가기 위한 항해를 시작하다

1885년 2월 1일, 아펜젤러는 고향에 있는 가족과 친구들, 그리고 교인들과 석별의 정을 나누고 미국 선박 태평양 우편선 아라빅호에 승선하였다. 함께 떠난 일행은 스크랜튼 목사와 스크랜튼 대부인과 아펜젤러 부부였다. 스크랜튼은 뉴욕주립대학을 나온 의사로, 의료 선교사의 임무를 띠고 조선에 와 후일 서울 아현동과 동대문에 진료소와 상동교회를 세운 선교사다.

샌프란시스코를 출발하여 태평양을 순항하는 선상에서 2월 15일 아펜젤러는 설교를 하였다. 듣는 사람에게 감동과 은혜를 넘치게 하는 훌륭한 내용이었다. 그의 설교는 언제나 적극적이고 영적으로 충만하였다. 그는 출애굽기 17장 6절을 읽으며 청중을 인도하였다. "내가 호렙 산에 있는 그

반석 위 거기서 네 앞에 서리니 너는 그 반석을 치라. 그것에서 물이 나오리니 백성이 마시리라."

일행은 험난한 여정을 잘 견뎌냈다. 2월 27일 오후, 조선 항구에 가기에는 너무 늦은 시각이기에 아라빅호는 일본에 기착했다. 아펜젤러는 사람들이 상륙하기 전에 모두를 자기 선실로 초대하여 안전한 여행을 위해 하나님께 감사의 기도를 하고, 앞으로의 길도 하나님께서 제시해 주시도록 간곡히 간구하였다.

아펜젤러가 본 일본의 첫 인상

아펜젤러가 막상 일본에 들어가 일본 사람을 대하고 보니 자신이 살아온 미국과는 너무나 달랐다. 특별히 그들의 가치관이 매우 흥미롭고 신기해 보였다. 옛것과 이제 막 시작하려는 새것이 공존하고 있었던 것이다.

마침 그곳에서 일하는 감리교 선교사 롱과 키친을 배에서 만날 수 있어 그들의 집으로 안내를 받았다.

아펜젤러는 거리에서 뛰노는 소년소녀를 보고는 '아이들의 천국' 이라는 말을 연상하리만큼 강한 인간애를 느꼈다. 또한 자식을 잃은 한 일본인을 만나 한없는 연민의 정을 느낀 그는 곧장 성서에 있는 예언자의 부드러운 말씀으로 위로해 주었다.

아펜젤러는 당시 일본인들이, 마시는 물의 화학적 성분이나 위생 상태에는 별로 관심이 없다는 것을 알게 되었다. 고향땅 펜실베이니아인들이 수질에 대해 항상 우려하던 것과 자연스럽게 비교가 되었다. 그는 몽고메리의 자기 집에 있는 맑은 샘터의 물이 새삼 그리워졌다.

나가사키에 있는 동안은 설교할 기회가 없었다. 주위 여건도 여의치 않았지만 이보다는 선교 자체가 허용되지 않는 것에 더욱 괴로움이 컸다고 그는 일기에 기록하였다. 처음으로 동양 땅을 밟으면서 그에게 가장 절실히 요구되는 것은 인내와 은혜였다. 그는 항구에 사는 외국인들의 거친 삶과 더불어 그곳의 거의 동물적 상태의 문명을 바라보면서도 기독교와 미국에 대한 신뢰만큼은 잊지 않았다. 미국인들이 그곳에 와서 부끄러운 일을 한 데 대해서는 죄스럽지만, 그렇다고 미국인이라는 자존심을 잊어서는 안 된다고 스스로 다짐을 하였다.

아펜젤러 일행은 나가사키에서 이틀간 머문 다음 3월 31일 일본 미쓰비시사의 작은 기선을 타고 서쪽에 있는 조선으로 향하였다. 이때 같은 배에 탔던 사람은 언더우드, 스커더, 테일러 등의 장로교회 선교사와 조선 국왕의 고문인 묄렌도르프, 그리고 지난 12월 살인 폭동 사건에 대해 사과하러 도쿄에 파견되었던 조선사절단이었다. 4월 2일 드디어 부산항에 닿을 수 있었다. 조선 땅에 대한 기대와 막연한 설렘으로 그는 아침 일찍 일어나 갑판으로 올라갔다.

가슴을 졸이며 조선 땅을 바라보다

부산의 집들이 그의 눈에 들어왔다. 초라하기 그지없는 진흙 색깔의 집들이었다. 마치 고향 아버지의 농장에 있는 벌집 같았다. 지붕은 짚으로 덮어씌우고 벽이라곤 진흙을 대충 바른 흙벽이었다. 이런 촌락은 고향 펜실베이니아와는 비교가 될 수 없었다. 집들의 모양새가 한 마디로 가난 그 자체였다고나 할까.

물론 이러한 초라한 모습 너머엔 아름다운 산천초목이 펼쳐져 있다는 것을 나중에 알게 되었지만, 어쨌든 조선 땅의 첫 관문인 부산에 대한 첫

인상은 충격적이었다. 하지만 그는 실망하지 않았다. 장차 조선 땅이 예수의 복음으로 변화되는 축복의 땅이 될 것을 굳게 믿었기 때문이다.

정박 중인 배에서 내려 부산 읍내를 두루 살펴보았다. 도로는 두 사람이 겨우 지나갈 수 있을 정도로 협소했다. 거리에는 나온 수많은 사람들이 아무 일도 없이 빈둥거리고 있었다. 백성을 억압하는 구조가 모두를 짓누르고 있었는데, 특히 아낙네들은 다만 게으른 남성들의 옷가지나 빨아 주며 하루 종일 일에서 손을 못 떼는 가련한 존재가 되어 있었다. 그들은 어쩌다가 외국인들이 쳐다보기라도 하면 얼른 얼굴을 돌리며 숨어 버리기 일쑤였다.

부산 읍내를 두루 둘러본 후 오후 3시쯤에서야 작은 나룻배를 타고 기선으로 돌아왔다.

다음날 축축이 내리는 비를 맞으며 기선은 반도의 남단을 돌아섰다. 크고 작은 섬들이 모여 있는 안개 낀 해안을 지나 드디어 4월 5일 이들 일행은 조선의 수도인 서울에서 약 50km 떨어진 항구 제물포에 도착하였다. 이날 제물포 항구에 첫발을 내디딘 사람은 아펜젤러의 부인이었다. 그리피스는 이에 대하여 기록을 남겼다. "1620년 미국에 처음 이민 온 사람들 중에 메리 칠튼이 플리머스 바위에 첫발을 디딘 것처럼, 조선 땅에 첫발을 내디딘 사람은 아펜젤러의 부인이었다."

1885년 4월 5일 부활주일에 제물포에 도착하다

이날은 마침 부활주일이었다. 그는 제물포에 상륙한 후 간곡한 기도를 올렸다. 일행은 배에서 내려 곧바로 제물포를 지나 서울에 들어가려고 하였으나 그럴 수 없었다. 지난해 12월에 일어난 갑신정변으로 조선 전체가 온통 혼란스럽고 시끄러웠기 때문이었다.

이 정변으로 외국인에 대한 미움이 그치지 않고 있었다. 한때 전쟁과 같은 분위기에서 부상당한 사람들이 매일같이 속출하였다. 이 때문에 아펜젤러 일행은 배에서 내려 제물포에서 1주일이나 휴식을 취하면서 서울의 사태를 안타깝게 지켜보아야 했다. 결국 일행은 논의 끝에 일단 일본으로 되돌아가기로 하였다.

4월 10일이 좀 지나 아펜젤러 일행은 일본 나가사키로 가는 배에 올랐다. 나가사키에 두 번째 머무르게 되는 셈이었다. 아펜젤러는 과거 300년 도쿠가와 막부 시대에 크리스천들이 순교한 나가사키 현장을 둘러보고, 잠시 그곳에서 시간을 보냈다.

하지만 얼마 지나지 않아 다시 조선으로 가게 되는 기쁨을 맞을 수 있었다. 정치적 흑암으로 뒤덮였던 서울의 정세는 차츰 안개가 걷히고 난 것처럼 평온해졌으며, 조용한 아침의 나라로 되돌아온 듯 보였다. 열정적인 아펜젤러는 그때를 놓치지 않았다. 지난 4월 5일에 이미 언더우드 목사는 서울에 들어가 터를 잡고 장로교회 최초의 복음 선교사로 일하고 있었다. 아직 미혼의 청년 선교사인 그는 아펜젤러보다 상황 대처에 용이했기 때문이었다.

6월 20일 제물포에 돌아오다

기선이 항구에 닿기는 하였으나 배에서 내리거나 짐을 나르는 일이 여간 불편한 것이 아니었다. 항만 시설이 제대로 되어 있지 않아 간조 때 이 항구를 출입하는 모든 사람은 광활하게 펼쳐진 진흙 밭을 헤치고 나오는 고역을 겪지 않으면 안 되었다. 이 때문에 선객들을 배 갑판에서 해변까지

짐과 함께 업어 날라야 했다.

아펜젤러 부부는 서울에 선교사 숙소가 마련되는 7월까지 제물포에 머물지 않으면 안 되었다. 포구마다 집들이 다 그랬듯이, 아펜젤러가 묵은 집은 가게에서 구입한 포장지 같은 것으로 대충 꾸민 곳이었다.

아펜젤러 부부의 고생은 이루 말할 수 없었다. 낮에는 벽에 붙은 조선 상인들의 광고문이나 경고문을 읽으며 외로움을 달랬다. 이러한 고난에도 위안이 되는 것은 가슴에 품고 있는 서울에서의 선교의 꿈이었다. 그러면서도 비가 쏟아질 때면 빗물이 새어 들어와 행여 잠자리까지 못쓰게 될까 봐 걱정을 해야 했다. 마침 조선의 장마철이었기에 그 염려는 더했다.

1885년 7월 29일 마침내 서울에 들어오다

아펜젤러 부부는 7월 29일에 그처럼 고대하던 조선의 도읍 서울에 입성하였다. 남자들은 말을 타고, 여자들은 인부들이 어깨에 짊어지는 가마를 타고 가는 진풍경을 볼 수 있었다. 길 가는 도중 가마꾼들의 흥겨운 이야기에 힘든 줄 몰랐다. 다행히 해가 지기 전에 서울 성문 안으로 들어갈 수 있었다.

서울 생활이 시작되다

아펜젤러 부부는 스크랜튼의 주선으로 알렌의 집에서 따뜻한 대접을 받았다. 스크랜튼은 응급 환자를 받아 진료에 여념이 없었다. 그의 명성은 이미 서울 장안에 자자했다. 아펜젤러는 임시로 기거하던 집을 나와 정동에 있는 한 허름한 한식 가옥을 깨끗이 수리하여 선교 활동을 위한 장소로 정하였다. 매우 초라한 곳이었지만 미국에 있을 때의 안락한 집과 똑같이 생각하였다. 오히려 초가 오막살이가 아닌 것을 다행으로 여겼다.

조선의 집은 보기보다 튼튼하고, 일본이나 중국의 것보다 훨씬 편하였다. 집 구조나 목욕탕, 벽난로 등 일상생활은 그런대로 편리하게 되어 하나님께 감사할 뿐이었다.

다만 비누 냄새를 싫어하고 목욕통을 즐겨 사용하지 않는 조선의 문화가 불편하였다. 전통적인 조선식 방은 보통 8평 내외였다. 이 비좁은 방을 여러 칸 합쳐 놓으니 그나마 편하고 자유롭게 살 수 있었다.

이렇게 넓어진 방에는 서양에서와 같이 양탄자, 흔들의자, 책장과 책상 등을 들여 놓고, 침실에는 침대, 옷장, 요람, 걸상, 램프 등을 갖추고, 부엌에는 레인지, 접시 넣는 찬장, 그릇과 냄비, 냉장고, 물통과 개수대, 연료와 조명 장치 등을 마련하여 자신들의 문화에 어울리는 생활을 할 수 있었다. 조선식 집은 부엌과 방이 툭 터져 있으며, 아궁이에는 아침저녁 나무로 불을 지폈다. 부엌에는 뚜껑 한가운데 혹이 달려 있는 가마솥이 있어 밥이나 반찬을 했다. 집 가장 끝에 있는 높고 낮은 굴뚝에서는 아궁이에서 내뿜는 연기가 나오고, 장작으로 피운 불은 집안을 따스하게 했다.

집안을 데우는 장작불 온기는 한겨울 살을 에는 강추위도 잘 견딜 수 있게 했다. 그러나 여름에는 마치 화덕 안에 있는 것처럼 집안이 찜통이었다. 이 꽉 막힌 집에서도 조선 사람들은 곧잘 참고 지내는 반면, 외국인 선교사들에겐 큰 곤욕이었다. 이런 조선식 집 구조에서는 신선한 공기를 마시기 위해 밖으로 나와야 하는 불편을 겪어야만 했다. 사람들은 보통 방바닥에서 잠을 자며, 서양식 침대에 눕는 것을 꺼려했다.

조선 사람들의 집짓는 방식

조선 사람들은 집을 짓기 위해서는 먼저 적당한 땅을 정하고, 그것을 세밀하게 측량한다. 이것은 가장 기초적인 작업이다. 그 다음엔 8평 남짓한 간격으로 구멍을 파 거기에 자갈과 깨진 돌을 집어넣는다. 그러고는 건장한 노동자들이 줄을 이용해 말뚝을 박고, 무거운 쇳덩어리를 들어 올렸다 떨어뜨렸다를 반복한다. 기계의 작동 원리와 똑같다.

그 다음 단계로 촌락의 건축자들은 무거운 통나무 망치로 큰 잡석들을 내려쳐 부순 다음 물에 적신 자갈이나 네모반듯한 돌을 반쯤 채워진 구멍에 집어넣는다. 이 위에 전체 구조를 지탱하는 반듯한 기둥을 세운다. 맨 나중에 서까래와 작은 나뭇가지들을 적절하게 짜 지붕을 만들고 거기에 잘 구운 기와를 얹는다.

이렇게 완성된 집은 윤이 나고 멋이 있다. 조선 기술자들의 탁월함에 아펜젤러도 새삼 감탄해 마지않았다. 편하고 아늑한 맛을 주는 이런 집들은 보통 조선 관리나 부유층들이 읍에 짓는 데 반해, 그와는 떨어진 시골 사람들의 집은 흙벽에 짚으로 지붕을 만든지라 초라하기 그지없었다.

조선 사람들의 생활 실상을 알게 되다

조선 백성은 문명에 접근할 수 있는 혜택이 별로 없었다. 너무나 오랜 세월 지배자들이 백성을 마음대로 다스려 온 터라 지배자와 피지배자 간의 관계는 거미줄과 그것에 걸려 꼼짝 못하는 벌레에 비유할 수 있었다. 관리들은 백성을 잘 가르치고 먹이고 치료해 주는 것이 아니라, 아무렇게나 천대해도 되는 존재로 여기고 있었다.

일부 부유한 계층은 나무가 즐비하고 꽃이 만발한 정원에 기와지붕, 화려한 기구가 비치된 널찍한 집을 소유하고 있었다. 반면 가난한 백성은 보통 부엌과 방 하나, 그리고 굴뚝이 전부인 오두막집에서 살았다. 게다가 거센 바람에 집이 무너지는 것을 방지하기 위해 새끼줄을 묶어 둔 초가집들이 많았다. 이런 집들은 대부분 더럽고 비위생적이었다.

아펜젤러와 같은 선교사들은 주거환경을 개선하는 데 많은 노력을 기울였다. 하나님의 진리의 말씀과 예수의 복음이 전파되는 과정에서 조선 사람들의 생활이 향상되어 간 것이다. 창조주께서 내려 주시는 축복은 이런 곳에도 미치고 있었다. 주님에 대한 믿음이 황무지에서 꽃을 피우는 것과 같은 기적을 이룬 것이다.

아펜젤러는 서구의 문명을 전하기에 앞서 오직 하나님의 말씀에 순종하며 예수를 믿게 하는 것만이 조선을 깨우치는 길이라 생각했다. 조선 땅을 복음화하는 과정에서 다른 제반 문제들은 서서히 해결되리라 믿었다.

귀족과 같은 부유한 집에는 넓은 방이 많았고, 다양한 나무 장식장과 비단 옷, 비단 이불과 요가 있었고, 벽은 고급스러운 종이로 발랐으며, 방에는 자랑스럽게 여기는 붓글씨로 된 병풍과 놋쇠 촛대, 그 외에 곳곳에 예술을 사랑하는 흔적들이 있었다. 또한 마당에는 오래된 고목과 아름다운 꽃밭도 있었다.

이런 집에서 멋지게 차려 입은 남성이 위엄 있게 활보하는 모습이며, 세계 어느 곳에서도 볼 수 없는 곱게 화장하고 단장한 여인네들을 보노라면 감탄이 저절로 나왔다. 이런 집들이 전국적으로 얼마 되지는 않았지만 어쨌든 아펜젤러가 보기에는 별로 좋지만은 않았다.

"더 좋은 것을 가르칠 수 있도록 도와주소서"

아펜젤러 부인은 조선에 와서 많은 것을 보고 느꼈다. 부인은 편지에 조선에서의 견문을 아주 자세하게 기록하였다. 아펜젤러도 이교도의 나라에서 기독교인 가정의 기능을 높이 평가하였다. "훌륭한 아내는 남편을 만들어 간다. … 내 경우만 보더라도 결혼한 이후에 훨씬 좋아졌다. 선교사의 아내들은 정말 용감하고 헌신적인 여성들이다. 그들은 남편을 위하여 좋은 가정을 만드는 데 큰 역할을 한다. 그 중에서도 기독교인 가정은 이곳에 절실히 필요하다. 조선인에게는 우리가 알고 있는 것처럼 진정한 의미에서의 가정을 볼 수 없다. 조선의 남편들은 결코 아내와 함께 식사하지 않는다. 아주 가까운 친구들 외에는 아내를 보는 것이 허용되지 않는다. 선하신 주여, 우리가 그들에게 더 좋은 것을 가르칠 수 있도록 도와주소서."

아펜젤러는 조선 여성이 젊음을 빼앗겨 버리는 것을 딱하게 여겼다. 조선 여성은 소녀 시절을 제대로 누리지 못하기 때문이었다. 8~9세 때까지는 그 나이에 맞게 평범하게 살아간다. 그러나 그 후 그들은 평생 죄수처럼 바깥세상을 보지 못한 채 갇혀 지낸다. 오직 소년들만이 교육을 받을 수 있었다.

아펜젤러는 한 젊은이로부터 결혼하기 전에 아내의 이름을 알았느냐는 질문을 받은 적이 있다. 그의 대답은 명쾌했다. "그럼요. 물론 알고 있었지요." 조선의 여성들은 한 남성의 딸이나 아내, 아이들의 어머니이지 자신의 이름과 인격을 잊고 살아야 했다. 소녀들은 헛간에서 사는 천박한 존재로 자랐고, 가정에 딸이 많은 경우에는 이름조차 주어지지 않고 단순히 숫자로만 불렸다.

정의로움은 누구에게도 뒤지지 않았다

아펜젤러의 정의로운 신념은 조선 사람에 대한 그의 선교 사업과는 그 성격을 달리했다. 궁정의 왕으로부터 거리의 걸인에 이르기까지 남성들이 손과 입을 놀리며 여성을 천대하는 모습은 아펜젤러의 영혼에 계속 분노를 일으켰다. 그는 매일같이 일하는 사람으로서 분노를 느끼면서도 상대방에게 폭력을 쓰거나 혹은 제지하거나 제거하는 등의 성급한 행동을 취하는 사람들의 유혹을 물리칠 수 있는 지혜와 힘을 가지고 있었다. 그래서 동네 골목대장 같은 터줏대감이나 높은 지위에 있는 고집쟁이라 할지라도 능히 물리칠 자신이 있었다.

이처럼 대담하고 용감한 성품의 아펜젤러는 공직에 있는 같은 미국인이라도 그의 자유를 침해하면 감정을 앞세우지 않고 자신의 권리를 보호하기 위해 적극적으로 대응하였다. 저명한 알렌 박사가 쓴 「조선풍물기」에 기록된 것처럼 "미국 선교사를 보호하지 않는다면 미국인이라 할지라도 무슨 소용이 있겠는가?"라고 물었다.

아펜젤러는 조선 땅에 와서 참으로 많은 일들을 겪었다. 이 세상이 얼마나 지혜롭지 못하게 다스려지는지 목격할 때마다 오랜 세월 전해온 "뱀같이 지혜롭고 비둘기처럼 순결하라."는 말씀이 더욱 마음에 와 닿았다. 아펜젤러는 왕실 앞잡이의 발톱에서, 또는 여러 가지 사건에서 봐온 살인자에게서 피신해 온 사람의 생명을 구하기 위해 그를 지붕 밑에 숨겨 주거나 음식을 주고 도피를 도와주는 데 조금도 인색하지 않았다.

자연을 무척 사랑하고 즐기다

아펜젤러는 틈나는 대로 조선 사람들에게 앞뜰을 예쁘게 가꾸는 실물 교육을 행하였다. 풀은 무덤 봉우리에 덮이지 않더라도 그 자체로 아름다우며, 죽은 사람뿐만 아니라 산 사람들도 이 영광스러운 모습을 즐길 권리가 있음을 가르쳤던 것이다.

자연을 즐기던 그는 조선에 와 선교 사역에 부심하다 보니 첫해에는 화초를 보지 못하고 살았는데, 이듬해인 1886년에는 아내와 함께 고향 이야기를 나누면서 꽃들을 심기로 결정하였다. 풀밭에서 뒹굴면서 지낸 고향 랭커스터에서의 옛일을 회상하였다. 후일 이들 부부가 남긴 한 편지에 따르면, 새로 마련한 앞뜰에는 수입해 온 잔디 씨앗으로 푸르고 아름다운 잔디밭을 꾸미고, 거기에 다양한 종류의 꽃들을 심어 집을 한층 화사하게 꾸몄다. 고심과 노력 끝에 고향의 정원과 같은 꽃밭을 볼 수 있게 된 것이다.

꽃병에서 퍼지는 싱그러운 향기처럼 새로운 생각은 계속 펼쳐졌다. 하나님을 생각할 때면 내외를 찾아온 손님들, 항상 웃음으로 대하여 주는 이웃 주민들, 그리고 모든 조선 사람들, 이 모두가 하나님께서 내려 주신 축복이라는 생각이 들었다.

아펜젤러가 잘 가꾸어 놓은 정원에는 벗나무 등의 나무들과 아름다운 화초의 향기가 가득했다. 또한 사과나무에서 수확한 붉은 빛깔의 사과는 식탁을 풍요롭고 싱그럽게 했다.

후일 부인의 편지를 보면, 이들 부부가 에덴동산과 같은 가정을 갖게 된 것에 말할 수 없는 행복을 느껴 하나님께 깊은 감사를 드렸다고 적혀 있다. 일상의 작은 것에도 큰 행복이 감추어져 있다는 사실을 아펜젤러 부부는 실감할 수 있었다.

첫딸을 낳다

1885년 11월 19일 서울 정동에서 우리나라 최초의 서양 기독교인 아기가 태어났다. 아펜젤러 가정의 첫딸 앨리스의 출생은 조선에 온 주재 외국인 역사에 한 획을 긋는 사건이었다. 그 후에 다시 기독교인 가정에서 첫 남자아이가 태어났는데, 알렌 박사의 아들이다. 이 아이들이 자라 나중에 얼마나 능력 있는 복음 선교사가 될지 당시에는 아무도 알지 못했다.

조선 여인네들은 이 아기들에게 모성애를 느꼈다. 서울 장안의 남녀노소 모두가 호기심과 열성으로 그들의 앞날을 축복해 주었다. 기독교 교사였던 아펜젤러는 외국인에 대한 조선 사람들의 무조건적인 거부가 차츰 무너져 가고 있음을 감지할 수 있었다. 이제껏 완강히 거부해 왔던 조선 사람들이 아펜젤러 선교사의 집으로 모여들기 시작하였다. 별나게 생긴 이 백인 아기를 보기 위해 주변 사람들이 찾아온 것이다. 그들은 외국인 아이를 본다는 구실로 아펜젤러의 집에 마음 놓고 드나들 수 있었다. 아펜젤러는 하나님께 또 한 번 영광을 돌렸으며, 새삼 용기를 얻게 되었다.

이전에는 서로 적으로 여겨 앙숙이었던 숲속의 모든 무리가 이제는 평화롭게 함께 눕는다는 이사야 11장 6~9절 말씀의 의미가 명확해졌다. "그때에 이리가 어린 양과 함께 살며 표범이 어린 염소와 함께 누우며 송아지와 어린 사자와 살진 짐승이 함께 있어 어린 아이에게 끌리며…" 이런 약속과 예언은 선지자의 지혜를 실제로 입증하며, 예수의 말씀을 설명해 주는 것이다.

남들보다 학식이 있다고 자부한 아펜젤러가 아무리 외쳐도 소용없었던 오랫동안 굳게 닫힌 문을 어린 아기의 산홋빛 투명한 손가락이 연 것을 보고 그는 이전보다 더 겸손해졌다. 후일 양육과 교육, 그리고 바다 건너 멀리 떨어진 고통도 이 아기 앨리스로 인해 모두 사라져 버렸다. 한 아기의 출생이 부모의 경험마저 새롭게 창조하고 변화시켰던 것이다. 이러한 이유로 책에서 배운 철학 등이 앞자리에서 뒷자리로 밀리게 되었다. 이렇게 선교사 2세대 첫 아기는 하나님의 사랑과 여인의 요람에서 무럭무럭 성장할 수 있었다.

종종 아펜젤러는 자신의 자녀들에게 조선 아이들의 옷을 입혔다. 외국인 아이들의 눈에는 아기자기하고 세심하게 만든 그 옷의 다양한 빛깔이 놀라우리만큼 아름다워 보였다. 겨울옷에 달려 있는 은방울도 신기하고 예쁘기만 했다. 아펜젤러는 부인과의 슬하에 아들 하나와 딸 셋을 두었다. 후일 이들에게서 태어난 후예들도 위대한 선교사로서 훌륭한 업적을 남겼다.

외국인들이 자녀 문제에서 남녀차별이 없는 것에 비해 조선의 부모들은 아들 낳기를 원하며, 아버지들은 아들이 없으면 불만 속에 살아갈 수밖에 없다고 여기고 있었다. 아펜젤러는 이러한 생각을 변화시키려고 무던히 애를 썼다.

조선의 아버지들은 조상 숭배에서도 이기적인 면이 많았다. 제사상을 차리는 역할은 오직 아들만이 할 수 있는 일이라고 믿었다. 이러한 상황에서 기독교인이 나날이 늘어나 기독교가 조선 사람들의 신앙이 되어 가고 있는 것은 참으로 다행한 일이었다.

1886년 여름, 창궐하는 콜레라 전염병 때문에 세상이 어수선하였다. 아펜젤러는 조선의 수많은 소년들을 어떻게 하면 믿음의 세계로 인도할 수 있을지에 부심하였다. 그들은 누더기를 걸치고 모자도 쓰지 않은 채 무리를 이루어 거리를 누비고 다녔다. 그들은 언제 어디서나 불쑥 나타나 모든 일에 끼어들며, 심지어 상인들은 특히 여성들을 불편하게 하는 행동을 끈질기게 하면서 고함을 치고 깔깔 웃어대는 등 무례하게 굴기 일쑤였다.

마치 소년들의 나라라고 할 만큼 설날만 되면 거의 2주일간은 하늘 높이 연을 날리며, 서로 다른 사람의 줄을 끊는 연싸움을 하였다. 3월이면 버들피리를 만들어 불고 다니고, 4월에는 작은 돌멩이들을 가지고 노는 공기놀이를 하였다. 흙더미나 경사진 바위에서 미끄럼질을 하여 옷을 더럽히고 헤어져 못쓰게도 하였다. 음력 5월 단오절에는 그네뛰기를 하였다. 새끼줄 위에 나무판자를 걸치고 그 위에 서너 명의 소년들이 서로의 어깨 위에 올라타 피라미드 모양을 만든 다음 신나게 흔들면서 즐긴다. 이들은 겨울이 되면 나무로 만든 거친 나막신을 질질 끌고 다녔고, 여름에는 맨발로 생활했다.

그러나 반면에 훌륭한 모습을 보여 줄 때도 있었다. 그들은 자신을 지도할 수 있는 사람들은 기쁘게 따라 다녔다. 대개 소년들은 영웅을 숭배하는 듯한 경향을 보였다.

소년들은 어른을 존경하고, 자기들을 제대로 보고 이해하여 주기를 원하였다. 간혹 칭찬과 격려를 하여 주면 곧 반응을 나타내었다. 그러나 그들의 마음은 악기의 현(絃)처럼 이리저리 흔들려 금세 몰인정해질 때도 있었다. 그래서 이들 소년들에게는 확고한 보살핌과 지속적이고 강한 훈련이 필요하였다.

외부의 어떤 억압에 눌려 있는 조선의 소년들이 사랑과 친절을 느꼈을 때 그 인격에 일어나는 변화는 실로 놀라웠다. 다행히 조선 소년들을 대상으로 한 선교 사업의 가능성이 보였다. 말썽꾼 소년 무리가 품위 있는 주민과 희망적인 청년 모임으로 빠르게 변하여 가고 있었다.

후에 평양 부흥회에서 거둔 성과는 어느 때 어느 곳에서보다 대단했다. 아펜젤러는 조선의 어떤 부류보다도 소년들에게서 더욱 큰 성공을 거두었는데, 그 자신도 감탄할 정도였다.

조선의 부모들은 자녀가 학교 교육만이 아니라 미국인 선교사의 가정에서 개인적인 교양 훈련과 더 나아가 신체 발육을 위한 도움도 받기를 원하였다. 자녀들이 좋아하든 좋아하지 않든 간에 그들을 데려가 하인을 삼아 달라고까지 간청해 왔다. 아펜젤러의 가정을 보고 강한 인상을 받았던 것이다. 이 아이들 중 몇몇은 벌써부터 조선 기독교의 든든한 기둥이 되고 있었다. 이들은 모두 그리스도의 작은 제자들이 되었으며, 또 그들 친구들은 형제자매와도 같았다.

4. 예수 복음 전도의 수륙만리

복음을 전하기 위해 수륙만리를 달리다

1887년 당시 외국인 선교사들은 조랑말을 타고 선교 활동에 나섰다. 아직 조선에 철도가 없던 시기였다. 한번 선교 활동을 나서면 며칠을 고생해야 했다. 가는 도중에 밤이 되면 밖에서 잠을 잘지, 아니면 빈대와 벼룩이 날뛰는 여관에서 잘지를 결정해야만 하였다. 가까운 데 있는 축사에서 자는 일도 다반사였다. 축사는 가축을 기르는 건물로, 밤새도록 개나 당나귀, 돼지나 닭들이 제각각 소리를 내며 소요하는 곳이었다. 좀 편안한 침실에서 자게 될 때에는, 전에 혹시 천연두 환자나 다른 전염병 환자가 투숙하지나 않았는지 두려운 생각이 들기도 하였다. 위생이 엉망이고 아주 원시적인 형태의 숙박시설이었음은 두말할 것도 없다.

조선 사람들의 숙박 장소는 우선 눈에 띄는 것이 뜰 안 마당이었다. 여기에는 사람이나 소나 말이나 가리지 않고 객으로 받아들였다. 대체로 대문 맞은편 중앙에는 거실이 있고, 그 옆에는 주인과 하인의 거처와 가축우리가 있었다. 식대만 내면 잠은 공짜로 잘 수 있었다. 이런 곳에서 여행에 단련되지 않은 사람들은 쉽게 잠을 이룰 수 없었다. 밤새도록 네 발 달린 짐승들이 발을 구르고 벽을 앞발로 걷어차는가 하면 괴이한 소리고 울어댔다. 잠을 자는 것이 거의 불가능한 것이 보통이었다.

조선말로 여관이라고 일컫는 숙박업소 주인은 대개의 경우 여자였다. 우리에는 짐을 나르거나 사람을 태우는 짐승들이 가득 있었기 때문에 손님들의 마음을 불안하게 만드는 것이 흔한 일이었다.

아펜젤러가 몰고 간 조랑말은 밤에 이런 숙박업소에 들었을 때 누울 수가 없었다. 들보에 매달린 줄에 몸통의 띠가 연결되어 고삐가 풀어지는 경우는 없었다. 그러나 다른 사나운 짐승들은 우리는 부수지 못하고 옆에 있는 짐승들을 물거나 걷어차려고 발버둥 쳤다. 새벽녘이 되면 잠을 깨우는 이상한 날짐승도 있었다.

여인들은 새벽 2~4시면 일어나 부엌에서 하루 일을 시작하였다. 손님들을 위한 아침밥을 준비하고, 나귀와 조랑말에게 줄 짚과 콩을 넣은 여물을 끓이기 위해 아궁이에 불을 넣었다. 소들은 옥수수와 짚으로 된 여물만 주어도 살이 찌지만, 말에게는 그런 여물을 먹이면 살이 내리고 힘을 쓰지 못한다는 사실을 알게 되었다.

조랑말을 타고 평양으로 향하다

여행의 일차적인 목적은 나라 전체를 샅샅이 둘러보고 전도하며 교회를 세울 터전을 고르는 일이었다. 마침내 1887년 4월 13일, 아펜젤러는 세관에서 일하는 헌트 씨와 함께 첫 번째 목적지를 평양으로 정하고 서울을 떠났다. 그가 무엇보다 먼저 해야 할 일은 타고 갈 조랑말, 그리고 그 마부와 잘 지내는 것이었다. 먼 길을 가는 유일한 교통수단이 조랑말이었기 때문이다.

아펜젤러는 조랑말의 성질을 잘 알아야 했다. 이 작고 강인하고 참을성이 많고 온순한 짐승은 말 중에서도 특별하였다. 조랑말은 아침부터 활동력이 왕성하여 이빨과 꼬리와 말굽을 마구 움직였다. 어떤 경우에는 주인보다 더 빨리 달리고 싶어 하였다.

조랑말은 재미있는 짐승이었다. 한참 달릴 때는 목에 매달린 방울이 즐겁게 짤랑거리지만, 그 위에 탄 사람이나 말을 부리는 마부도 쉽게 조종할수 없는 경우가 있었다. 하루 종일 달리다가 늦은 시각이 되어 피곤해지면 그제야 천천히 달리며 마침내 그렇게 발랄하게 울렸던 방울소리도 차츰 잦아진다.

조랑말은 당나귀처럼 자기 발걸음에 자신이 없는 듯하였다. 말인데도 수줍어하는 기질이 있어 사람을 말 위에서 떨어뜨리거나 타고 있던 사람과 함께 넘어져 버렸다. 그리고 우는 것인지 웃는 것인지 항상 이상한 소리를 내며 일어나는 짐승이었다.

아펜젤러의 조랑말은 매우 영리하였는데, 그렇기 때문에 복음 전도를 위하여 먼 곳을 답사하는 일을 앞두고 이 말의 특성을 잘 알고 이해해 주어야 했다. 이 조랑말은 눈치도 빨라 멀리서도 펄럭이는 여관 깃발을 사람보다 먼저 알아보았다. 어떤 때에는 숙소가 가까워지면 마부가 먹이 줄 것을 미리 생각했는지 기분 좋게 마구 달려가기도 했다.

말을 다루는 마부는 말 못하는 짐승이기는 하지만 사람과 같은 감정을 가지고 있을 것이라 생각하여 주의 깊게 다루었다. 아무리 조랑말이 재빠르다 하여도 심한 언덕길이나 가파른 절벽 등을 오를 때에는 눈치 빠른 외국인들은 말에서 내려 걸어가야만 하는 경우도 생겼다.

드디어 평양에 가까워지면서, 아펜젤러는 조선의 북방 땅을 밟을 때에는 이에 합당한 지식이 있어야 한다고 생각하였다. 북쪽 지방은 적도의 기류와 해류가 만나는 따뜻한 남쪽과 온도차가 크다는 것을 알게 되었다. 또한 남쪽의 벼농사 지대에는 물소와 같이 따뜻하고 습기 있는 곳에서 사는 짐승들이 있는 반면, 조선 반도의 북쪽 지대에는 사납고 색깔이 다양한 어마어마하게 큰 동물들이 다른 동물들을 잡아먹고 산다는 것도 새로 알게 된 사실이었다. 이 지역에서는 또 동물의 왕이라고 불리는 호랑이를 산의 주인, 또는 산신령으로 여길 만큼 두려운 존재로 생각하였다.

호랑이는 조선 사람들의 문학이나 민속 등 일상생활과도 밀접한 관계를 맺고 있는 동물이었다. 그러면서도 때때로 촌락을 습격함은 물론 심지어 성벽으로 둘러싸인 도성에도 나타나 해를 입히는 사나운 짐승으로 유명하였다. 사람까지 잡아먹는 이 짐승은 조선의 산들뿐만 아니라 조선 땅 전체를 크게 유린하였다. 호랑이에게 습격을 당하는 피해자는 해마다 수백 명에 달하였고, 이와 함께 소를 잃는 것도 나라로서는 크나큰 손실이었다. 그래서 대부분의 산골 마을은 무거운 통나무로 호랑이를 막을 수 있는 방비를 하였다.

또한 작은 돼지를 미끼로 놓은 덫을 만들거나 대부분의 집들이 호랑이가 기어오르거나 넘을 수 없게 날카로운 말뚝으로 울타리를 쳤다. 호랑이를 잡기 위해 사냥꾼들은 미 해군의 군기나, 번개까지도 휘어잡는 날개가 달린 성난 물신(物神)의 상(像)을 가지고 다녔다. 그러나 실상 호랑이는 사람에게 단순히 위협적인 짐승만은 아니었다. 부자나 권력자들은 호랑이나 표범의 가죽을 벗겨 여행복을 만들거나 방에 놓는 깔개로 사용하여 위엄과 지위를 표시하였다. 이처럼 호랑이 가죽은 일상생활에서 고가의 상품으로 거래되었다.

조선 사람들의 살림에서 큰 재산이 되는 소는 대개가 온순한 성품으로, 농사일을 돕고 무거운 짐을 나르는 등 친근하고 고마운 짐승이었다. 더욱이 송아지는 아이들과 함께 집안의 보배로 여겼다. 하지만 아직 서양에서처럼 소의 젖을 사용하는 것은 알려져 있지 않았다.

아펜젤러는 평지뿐만 아니라 산간벽지도 돌아야 하는 선교 계획을 세우면서, 산에 서식하는 동물들에 대해 자세하게 연구하는 것도 중요한 과제가 되었다.

앞에서 언급한 짐승 외에도 사람을 도와주는 말이 있으며, 말과 비슷한 당나귀도 있었다. 말은 순수한 종자일지라도 조랑말과 별로 다를 바가 없는 동물이었다.

애완동물로는 개가 있었다. 충성심이 강해 사람들에게 큰 사랑을 받았던 개는 역설적이게도 종종 주인의 식탁에 오르기도 하였다. 토종개는 사나워 낯선 사람이나 신기한 것을 보면 심하게 짖거나 으르렁거리고, 사람에게 상처를 입히기까지 하였다.

반면 고양이는 사람들에게 두려움과 천대의 대상으로, 뱀이나 기타 해충과 같은 족속으로 취급당했다. 그러나 곡식 창고를 헤집고 다니는 쥐를 잘 잡아 사람들에게 유익을 주기도 하였다.

또한 집안 구석에서 출몰하는 쥐는 사람에게 전염병과 병균을 옮기는 짐승으로 혐오의 대상이었다. 가정집 처마 밑에 둥지를 트는 제비도 사람들에게 크게 이로운 새는 아니었지만, 그런대로 사랑받는 동물로 분류할 수 있었다.

또 까치는 행운을 가져다주는 길조(吉鳥)라고들 하였고, 그 외 보통 새들은 어린아이들에게 정감을 안겨 주는 존재였다.

황해도는 쌀이 많이 나는 곡창지대이기는 하지만, 각 가정은 가난하기 그지없었다. 아펜젤러는 그들의 비참한 모습을 몸소 보고 확인할 수 있었다. 아버지의 빚 때문에 길바닥으로 쫓겨난 소년들은 아버지에게 구박을 받았고, 아낙네들은 남편에게 일방적으로 억압을 받는 신세였다.

특히 서양 종교에 대한 나라의 변덕스러운 정책 때문에 많은 사람들이 노예가 될 것이라고들 생각하였다. 아펜젤러는 이런 어둡고 침침한 골짜기에서 조선의 백성을 구원하는 길은 오직 기도와 사랑과 믿음으로 아픔을 치유함으로써 아름다운 역사를 창조하는 것이라고 믿었다.

교육을 받지 못한 조선의 여인네들은 마음속의 생각을 밖으로 표현할 줄을 몰랐다. 그저 남자에게 짓눌려 복종하는 기계로 존재할 뿐이었다. 아펜젤러는 교육을 통한 선교로 이런 모순된 제도와 생활을 변화시켜야만 한다고 생각하였다.

어눌하여 바보천치라고 놀림을 받거나 몸이 성치 않아 아이같이 작은 어른이 우스갯거리가 되는 것을 보고는 눈시울이 뜨거워졌다. 가난하고 배움이 없기에 농사꾼이나 아낙네들은 나라의 무관심에 밀려 더욱 피해를 입고 있는 것이 아니겠는가? 또한 초상집에서 돈을 받고 대신 곡을 해 주는 곡(哭)꾼을 보고는 조선 노역자들의 비참함을 절절히 느낄 수 있었다.

아펜젤러의 눈앞에 과거 고려 왕조의 수도였던 부유한 도성 송도(松都)가 보였다.

조선의 산악 지방에는 보기에도 웅장한 불교 사원들이 즐비하였다. 1392년 조선의 도읍이 서울에 자리를 잡고, 이 새로운 왕조의 유교 정책으로 사원들이 불태워진 흔적을 엿볼 수 있었다. 아펜젤러는 조선의 역사를 공부하면서 매우 흥미 있는 사실들을 많이 알게 되었다. 조선에서 일어난 큰 사건들은 간혹 환상적인 전설 속에서 설명되는 경우가 많았다. 신기하게도 산등성이마다 세워진 거대한 석불(石佛)들은 모두 예리한 눈으로 세상을 살피며 과거와 현재를 한눈에 조감하는 것처럼 보였다.

왕조가 바뀔 때마다 불교 교리와 유교 교리들이 겉으로는 사람들의 사상이나 사고를 바꾸는 것처럼 보였지만, 실상은 잘 조화를 이루는 것 같았다. 그것은 시골길 길목에 세워진 천하대장군과 지하여장군이라는 장승을 통해서도 설명될 수 있었다. 한편 지하여장군이라는 이름을 서양 사람들이 지옥의 여왕이라고 번역하였는데, 그 의미가 조선의 남성과 여성의 지위를 단적으로 표현하였다.

길거리 숙소들은 악취로 가득 차 있었다. 조선의 아름다운 자연 경관과는 너무나 대조적이었다. 그나마 훌륭한 숙소로 보이는 흙으로 지은 방들은 옛 조상들의 영혼이 살아 있다면서 손님보다 더 존중받는 것처럼 꾸며져 있었다. 들판에는 아이를 등에 업고 일하는 여인들이 있었다. 어떤 촌락 사람들은 서양 사람을 보자마자 겁에 질려 달아났다. 외국인 흡혈귀들이 자신들을 잡아먹고, 아이들의 눈을 뽑아 약을 만들며, 아이들을 끌고 가 노예로 판다는 무시무시한 이야기를 들었을 것이라고 아펜젤러는 추측하였다.

시골 사람들은 작은 시내를 건널 때에는 옷을 걷어 올리거나 벗은 채 걸어서 건넜으며, 큰 강을 건널 때에는 나룻배를 이용하였는데, 사람을 너무 많이 태워 위험해 보였다.

촌락의 시장터에서는 단정하게 꾸미지 않아 지저분해 보이는 여인들이 줄을 지어 행상을 하였다. 이런 광경을 볼 때마다 아펜젤러는 연민의 정을 느끼기에 앞서 분노 같은 것이 치밀어 올랐다. 그렇다고 지금 당장 개선될

가능성은 보이지 않았다. 조선 왕조의 이방 종교에 대한 학정은 이런 노예 상태와 무관하지 않았을 것이다.

송도에 도착하다

이제 조선 산천의 모습과 생활방식과 관습이 어느 정도 익숙하게 다가왔다. 처음에 받았던 충격들도 조금씩 누그러졌다. 송도는 그들이 이제까지 다닌 도시와는 달리 규모가 크고 매우 활기찼다. 생전 처음 본 인삼밭은 신기하고 놀랍지 않을 수 없었다. 그늘에서 자라는 인삼은 땅 위에 나와 자라는 부분은 토마토 가지처럼 생겼고, 땅 속에 묻혀 있는 삼 뿌리는 당근과 비슷하였다.

재배가 잘된 인삼 뿌리는 시장에서 좋은 값에 팔렸는데, 주로 은으로 그 값을 치렀으며, 쪄서 말린 홍삼은 금과 교환되었다. 외국인의 눈에 이 뿌리의 즙은 진하고 생기가 없어 보였다. 그러나 중국 사람이나 조선 사람들에게는 훌륭한 강장제요, 만병통치약이라고까지 알려져 널리 통용되고 있었다.

인삼은 문자 그대로 사람과 그 모양이 비슷한데, 그래서 이에 얽힌 일종의 전설이 무성하게 존재했다. 인삼은 몸을 덥게 하고 병을 낫게 한다고 알려져 있었지만, 모든 사람에게 다 맞지는 않았기에 그 효력이 전적으로 인정받지는 못하였다.

아펜젤러는 1592년 임진왜란 때 일본 군대가 평양을 침탈하던 길을 따라가게 되었다. 조선의 슬픈 역사를 잘 알게 된 후이기에 평안도 땅을 밟았을 때 땅의 경계표가 담고 있는 역사를 명확히 읽을 수 있어 다행으로 생각하였다. 그는 조선 반도의 북방을 방문하면서 받은 강한 인상을 내내 잊을 수 없었다.

고려의 500년 도읍지 송도는 옛 영화로움을 잃고 이제는 돌조각들 같은 역사의 잔해들만이 남아 희미하게 그때를 보여 주었다. 한 가지 인상적이었던 것은 고려 왕에게 마지막까지 충성을 다하다가 새로 들어선 조선 왕국의 창건자와 실세들에 의해 살해당한 충신 정몽주에 관한 이야기였다. 이 충성스러운 신하의 피의 흔적이 남아 있다는 돌다리가 비를 맞을수록 그 빛이 더욱 뚜렷하여진다는 전설은 참으로 흥미로웠다.

북쪽으로 계속 올라가다가 임진강가 한 곳에서 기념비를 발견하였다. 그리고 그에 얽힌 이야기를 들을 수 있었다. 임진왜란이 일어나자 도승지 이항복은 조정의 중론을 신의주 피난으로 이끌어 내었다. 이후 서울에서 나와 임진강을 건너는 밤에 큰 비가 내렸는데, 가까스로 사공과 배를 구하였으나 비바람에 불을 켤 수도 없었다. 방법을 찾던 이항복은 마침 강가에 있던 정자 하나를 발견하여 불을 붙였다. 정자에 붙은 불은 큰 비에도 꺼지지 않고 타올라 강을 다 건너도록 도움을 주었다. 이 정자의 이름은 화석정이었다. 관직에서 물러나 고향 파주에 머물러 있던 율곡 이이의 5대조 이명신이 1443년에 세운 것이었다. 퇴임 후 율곡은 화석정에 갈 때마다 나무 기둥들에 들기름을 발라 문질렀다고 한다. 이유를 묻는 제자들에게도 답을 하지 않은 채 그 일을 계속 했다. 관직에 있을 때 율곡은 왜군의 침입을 예견하고 10만 대군 양성설을 주장하였다. 하지만 조정은 이를 무시하고 받아들이지 않았다. 하지만 그의 예언은 적중하였다. 결국 왜란으로 임금이 신의주로 피난을 갈 때 율곡 가문의 화석정은 그 길을 밝혔다. 큰 비에도 불이 꺼지지 않은 것은 물론 기름이 나무 기둥마다 깊게 배어 있었기 때문이었다.

1887년 4월 13일, 드디어 평양에 입성하다

아펜젤러는 고대하던 평양성을 보고 무척 기뻐하였다. 산에 올라 내려다보니 평양의 지형은 사각형에 가까웠다. 그 지방 사람들은 그 모양이 배처럼 생겼다고 믿었다.

이 때문에 이 도시 안에서는 절대로 우물을 파서는 안 된다는 미신이 전해 오고 있었다. 만일 파는 날에는 강물에 떠내려 온 모래가 도시 전체를 덮어 버린다는 것이다. 이런 미신은 다른 지역에도 퍼져 있었다. 우물을 파면 큰 천재지변이 생긴다고 믿었다. 그 이유는 이 나라는 용의 등을 탄 형상인데, 우물을 파는 것은 용의 등에 상처를 내는 일이니 용의 화를 부른다는 것이었다.

평양 거리에 들어서자 진기한 풍경을 볼 수 있었다. 이임한 평양 감사나 고을 통치자의 선정(善政)을 기리는 송덕비가 즐비하게 서 있었다.

외국인이 거리를 지나가자 군중이 모여들었다. 호위하던 군사들은 외국 손님들에게 길을 터주기 위해 군중을 진정시키느라 애를 먹어야 했다. 종종 완력을 써야 하는 경우도 생겼지만, 대개 관가가 출동하면 예절 바르게 행하였다.

성문 안으로 들어서자 흰옷을 입은 평양 감사가 깍듯이 영접하며 성대한 환영식을 치러 주었다. 환영식에는 유력한 관료들을 비롯하여 많은 유지들이 참석하였다. 저녁때가 되어 평양 감사의 집에서 식사를 할 때에는 몇 가지 외국 물건들을 볼 수 있었다. 특별히 서양 시계의 째깍거리는 소리는 마치 아펜젤러 자신의 집에 온 것처럼 느끼게 하여 흐뭇하였다.

그는 관가에 와서 처음으로 조선식 식탁에 앉아 음식을 대할 수 있었다. 이날 모든 면에서 훌륭하게 준비한 이 조선 관리에게 감사한 마음을 전하기 위해 최선의 예의범절을 다하였다. 고춧가루가 묻은 배추와 특별히 양념을 넣은 김치를 한입 넣었을 때 갑자기 열이 오르면서 눈물이 나오는 것을 가까스로 참았다.

반면 밤 종류, 맛있는 양념, 여러 가지 과일 또는 채소를 넣어 특별히 만들어 낸 조선의 물김치는 외국 사람의 입맛에도 맞았다. 그 외에 평양에서 먹은 음식들은 이번 김치처럼 맵지 않았다.

진기하면서도 의아한 광경

아펜젤러가 평양성에서 나올 때 관리들 외에 많은 외부 인사들이 아펜젤러 일행을 보기 위하여 모여들었다. 조선에서는 듣던 것과 달리 감옥처럼 닫혀서 보이지 않는 여인네들의 방을 제외하고는 모두가 개방되어 있었다. 이는 일본의 문화와 다른 부분이었다. 일본에서는 조선의 경우와 같이 안방을 잠시 볼 수 있는 예가 거의 없었다.

평양에 머무는 동안 여관에서도 묵어 보았다. 새로 바른 문풍지마다 침을 바른 손가락으로 뚫은 구멍들이 부지기수였다. 구멍 뒤에는 항상 은밀히 엿보는 눈들이 숨어 있었다. 창호지문은 온통 눈으로 가득했다.

몰래 엿보는 눈들에 대해서는 이제 별로 신경이 쓰이지 않았다. 예사로운 일로 여기게 되었다. 그래도 간혹 바다 건너온 외국인의 연회에서 이들이 식사하는 광경은 드문 것이어서 그냥 지나쳐 가지 않았다.

연회가 무르익자 감사의 전용물이 된 관의 기생들이 연회석에 들어왔다. 이들 중 하나는 살집이 있는 편으로 얼굴이 고왔다. 18세쯤 되어 보이는 그 소녀는 담배를 입에 물고 있었다. 감사는 자랑스럽게 이 여인들이 자신의 소유물이라고 하였다. 그것도 마치 발굽 달린 짐승, 또는 말이나 개를 소유한 미국 농부의 말투와 비슷하였다.

아펜젤러는 평양에 와서 이런 광경을 처음으로 목격하였다. 이 여인네들은 흔히 말하는 평양 기생으로, 이런 부류의 여인들이 평양에는 많았다. 이들은 일본의 게이샤와 같았다. 이런 데 오래 있는 여인들은 어려서 아버지가 죽어 고아가 되었거나 아버지가 빚을 져 그 대가로 어린 나이에 돈에 팔려온 이들이었다.

조선의 여인들이 교육을 받지 못한 탓으로 자기 자신의 삶을 갖지 못하는 것은 일찍이 안 사실이었다. 그리고 단지 복종하는 기계 같은 존재로만 받아들여진다는 것도 이미 알고 있었다. 이러한 문제들은 장차 조선의 장래를 위해서는 하루 바삐 개선해야 할 과제였다. 아펜젤러는 기독교 교육으로 하루 속히 이런 불공평한 관습이 없어져야 한다고 생각하면서, 이는 자신과 같은 선교사가 해야 할 일이라고 다짐하였다.

아펜젤러가 1866년 8월 평양 대동강 유역에서 있었던 미국 상선 제너럴셔먼호 사건에 대해 물었을 때, 평양 사람들은 모두 입을 다물었다. 물론 아무도 그 사건에 대해 알지 못하였으며, 그 일이 일어난 장소도 가르쳐 주지 않았다.

시냇가마다 빨래하는 여인들이 줄을 잇고 있었다. 간혹 중국에서 귀한 사신들이 들어오는 날엔 도시가 온통 아름답게 장식되며 높은 지대에는 깃발이 휘날렸다.

평양에는 중국인 기독교 신자가 있어 반가웠다. 아펜젤러는 자신이 서울에서 가르쳤던 학생 한 사람을 만났는데, 그는 이 지역 선교를 위해 이 미국인 선교사가 당장 일을 시작해 주기를 원하고 있었다.

그는 금과 석탄을 캐는 광산을 방문하였다. 사람들은 금속과 광물들을 조선땅 밑에 있는 모든 것의 소유자인 왕에게 팔았다. 훗날 조선 주재 미국 공사 알렌은 정부로부터 허가를 얻어 수많은 값비싼 광물들을 캐냈다. 이것은 금괴의 형태로 태평양을 건너 미국으로 보내지면서 이미 부유한 미국인들을 더욱 부유하게 만들었다.

그러나 조선 사람들이 이런 외국인의 수탈에 맞서 폭동을 일으키는 일은 없었다. 오히려 하와이에서 일하는 노역자들처럼 값싼 임금을 당연시할 뿐만 아니라 심지어 만족하는 것 같았다.

날카로운 관찰력과 비판력의 소유자인 아펜젤러는 평양에서 돌아오는 길에도 여러 가지를 주의 깊게 보았다. 조선 사람들의 관습은 모두가 동양적이며 목가적인 것으로, 조용하고 한가한 모습을 보여 주었다. 이념보다는 관습에 의해 오랫동안 다스려진 온건한 민족성을 볼 수 있었다.

아펜젤러가 황해도와 평안도 지방을 거쳐 평양에 이르기까지는 여러 곳을 지나야만 했다. 한 광산업자와 동행하여 고양, 장단, 파주, 임진강, 송도, 금천, 통천, 평산, 황주 등을 경유하였다. 당시 평양의 인구는 7만 5천 명이었다.

1887년 5월 16일 서울로 되돌아오다

이날 서울에서 몇 마일 떨어진 북경로에 사는 조선인 친구 7명이 마중을 나왔다. 집에는 학교 학생들이 모두 나와 선교사인 선생을 맞을 준비를 하고 있었다. 아펜젤러는 이들의 친절과 배려에 감동하였다. 여행에서 돌아온 그에게 조선 학생들이 항상 하는 질문은 "평안히 다녀오셨습니까?"였다.

25일 동안 집을 비웠다가 돌아온 아버지를 딸은 낯설어하였다. 푸른 빛깔의 웃옷에 검게 그을린 남자를 의심스러운 눈초리로 경계하였으나, 아펜젤러의 자상하고 익숙한 목소리를 듣고는 곧 아버지임을 알았다.

그 동안의 우편물을 정리하던 중에 뉴욕 해외 선교부에서 온 편지를 발견하였는데, 아펜젤러에게 계속 분발하라고 격려하는 내용이었다. 그리고 학교 건축을 위해 쓰라며 4천 달러를 동봉하였다.

아펜젤러는 교회가 이런 장한 일을 하는 영광을 언젠가는 갖게 되기를 원하고 있었는데, 이제야 결실을 보게 된 것이다. 그는 하나님께 깊은 감사를 드리면서, 앞으로 성취할 선교 사업에 더욱 용기를 얻게 되었다.

아펜젤러는 1887년 7월 24일 최초의 감리교인 박중상에게, 10월 2일에는 두 번째 감리교인 한용경에게 세례를 주었다. 이 두 사람 모두가 배재학당 학생들이었다. 11월 16일 그는 정동제일교회의 목사로 선임되었다.

1888년 아펜젤러에게 많은 일들이 있었다

지금까지의 수많은 여행을 경험삼아 다시 길을 떠나 조선 팔도를 두루 방문하였으며, 360명에 달하는 조선의 수많은 관리들을 만날 수 있었다. 1888년 1월 1일에는 올링거 목사가, 그 이듬해인 1889년 5월에는 존스 목사가 부임해 와 아펜젤러의 진영이 강화되었다.

이 무렵 서울 명동에는 큰 천주교 성당이 세워졌는데, 그것은 조선에서 가장 높은 건물이었다. 그런데 이것이 문제가 되었다. 이 건물이 궁궐보다 높아 왕궁을 내려다본다는 소식이 조정에 알려지자, 왕실이 난색을 표한 것이다. 대국이라는 중국이나 일본을 포함한 아시아 여러 나라에서는 황제의 거처를 내려다보는 것은 비난을 면치 못할 일이었다. 그러나 조정 여론은 궁궐 가까이에 있는 외국인 지역에 고층 건물들이 들어서는 것을 이제는 어쩔 수 없는 시대의 흐름으로 생각지 않을 수 없었다.

이러면서도 일관적이지 못하고 간사한 조정 관리들은 아펜젤러의 신학당에서 큰 소리로 노래 부르는 것을 중단하라고 하였다. 그리고 북쪽 지방을 여행하고 있는 아펜젤러와 언더우드 선교사를 소환하는 명령을 내리도록 국왕에게 간언하였다. 이러는 동안에 천주교 성당이 완공되어 헌당식을 하였고, 시간이 지나면서 교회의 찬송가 소리도 자연스럽게 받아들여졌다.

1888년에는 약 20만 명이 사는 시중에서 돌고 있는 사진이 아이들의 눈과 어떤 연관이 있다는 미신이 퍼져서, 혹시 세상에 전쟁과 같은 재앙이 일어나지는 않을지 걱정하는 사람들이 생겨나기 시작했다.

이런 소문이 나돌자 서울에 살고 있는 외국인들은 과거 청일전쟁이나 노일전쟁 때보다도 더 무서운 것이 아닌가 하고 불안해하는 웃어넘길 수밖에 없는 일이 있었다. 유리를 통해 쳐다보는 것 때문에 일이 생겼는데, 아이들의 밝은 눈동자가 사진을 만드는 데 약이 된다는 중국의 괴이한 미신이 서울 장안에 퍼졌던 것이다.

한편 이즈음에 중국인들이 일본인들을 살상하는 사건이 있었다. 시체를 개밥이 되도록 길거리에 내버려둔 폭도들의 횡포에 외국인들은 두려움을 느꼈다. 이 혼란은 미국, 영국, 프랑스, 독일이 제물포에 정박해 있던 자국 해군들을 황급히 서울로 파병함으로써 일단락됐다. 이것으로 선교사들의 불면의 밤과 염려의 나날이 끝났다.

아펜젤러의 가정에도 시련은 있었다

아펜젤러 부인은 장미에는 가시가 있다는 것을 잘 알고 있었다. 그는 늘 영적인 긍지 속에서 살았다. 그녀의 집이 여느 집들과는 달리 창문이 종이로 되어 있지 않고 유리와 무거운 창틀로 되어 있는 것에 은근한 자부심을 가지고 있을 때에도, 그녀는 가시장미 위에 앉은 것처럼 늘 마음에 상처를 입고 있었다.

부인은 다른 사람과 다르다는 생각이 마음에 걸렸다. 그래서 마음을 가라앉히며 바느질을 하고 독서도 하였다. 더욱이 아이들이 생긴 후로는 옷가지를 고치고 꿰매고는 하였다. 선교사 부인답게 일을 하였던 것이다. 그러나 곧 고독의 매력은 차츰 사라지고 긍지도 빛을 잃게 되었다.

선교사 부인의 행동 하나하나를 눈여겨보는 낯선 사람들에게 이 외국인 여인은 박물관 못에 걸려 있는 진귀한 전시품과 같았다. 별다른 이유도 없이 선교사의 집 주변을 배회하는 갓을 쓴 성인들이 있는가 하면, 아이들은 아예 대놓고 집안을 들여다보다가 유리창에 부딪쳐 코가 납작해졌다. 이 때문에 엿보기를 좋아하는 사람들이 퍼뜨리는 근거 없는 소문에도 부인은 관심을 가질 수밖에 없었다.

아펜젤러 부인은 성경 말씀에 충실하였다

바느질, 독서, 옷이나 기타 생활용품을 만드는 일에 열중하며 지냈다. 그러나 이런 일들도 부인의 마음을 다잡아주지는 못하였다. 가장 관심을 갖게 되는 것은 무엇보다도 아기를 키우는 일이었다.

그렇다고 선교사 부인이 하고 싶은 것을 입 밖으로 내색할 수도 없는 노릇이었다. 순리에 역행하는 것은 사람들의 신뢰를 깨뜨리는 결과를 가져오기 때문이었다. 신약전서 베드로후서 1장 5~7절이 가르치는 절제가 자신을 조절하는 데 꼭 필요한 것이라고 믿었다. 그리고 덕에 인내를, 인내에 경건을, 경건에 형제애와 같은 우애를 더하고, 또한 그런 우애를 베풀라는 사도의 가르침을 되새겼다. 그래서 부인은 창문에 커튼을 치는 일

조차 하지 않았다.

훗날 아펜젤러 부인은 이렇게 고백하였다. "우리는 이런 사람을 좋아한다. 어떤 이들은 마치 오랜 친구 같았다. 많은 조선 여인들이 집에 찾아와서는 거울을 보고 가장 큰 놀라움을 나타내었다. 우리 집 가장이 방문객들을 위하여 오르간을 치고 노래를 할 때면 모든 일꾼들이 문간과 창문가에 모여 그것을 들으며 즐거워하였다."

하루는 존이라는 중국인이 찾아왔다. 그는 미국 군함에서 일한 적이 있으며, 영어도 약간 할 줄 알았다. 외국인들 틈에서 외톨이가 되어 고생을 하면서도 그들을 무척 좋아하여 웬만한 일도 기꺼이 하였다. 그러나 조선 여인네들에 대한 예절은 거의 몰랐다. 그는 오르간 앞으로 나가 큰절을 하더니만, 권하지도 않았는데 태연히 선교사 부인의 개인 흔들의자에 덥석 앉았다. 그 집 안주인의 자리에 허락도 없이 앉아 버린 것이다.

부인의 마음에 분노 같은 것이 일었다. 외국인 부부에게는 견디기 힘든 일이었다. 그런데 그들보다 더 견디지 못한 이들은 아펜젤러 선교사에게 정성을 다하는 조선 사람들이었다.

공자의 나라에서 왔다는 이 중국인이 흔들의자에 몸을 앉히기도 전에 유모 할머니가 방으로 뛰어들었다. 그 모욕적인 광경을 차마 그냥 두고 볼 수 없었던 유모는 뒤에서 의자를 잡아 빼어 중국인 존을 바닥에 뒹굴게 한 다음, 그 귀한 가구를 당당하게 부부의 침실로 옮겨 놓았다.

한 여인에 의해 큰 나라 중국이 작은 조선 앞에서 초라해지는 우스꽝스러운 광경을 보면서 조선의 구경꾼들은 웃음을 터뜨렸다. 그 후 이 유모는 이웃 사이에서 영웅 대접을 받게 되었다.

이렇게 조선 사람들 모두가 친절하게 아펜젤러를 도왔다. 그들은 이 선교사에게 고용되기를 원했는데, 다들 끼니를 잇지 못하는 처지였기에 그

바람은 간절했다.

아펜젤러는 네 명을 고용하여 집안일을 돕게 했다. 나가사키 출신의 일본인 요리사와 아기를 돌보는 늙은 유모, 청소와 각종 잡일을 돕는 문지기와 사환이었다. 그 중 사환(The boy)을 맡은 이는 40세가 되었음에도 어떤 일을 맡기어도 잘 해냈기에 아펜젤러의 큰 신임을 받았다. 고용인들은 월급을 받는 대신 식사는 자기 힘으로 해결하였다. 이 네 사람 모두에게 드는 돈은 미국 도시의 일급 하인 한 사람에게 드는 돈보다 적었다. "이 일을 가드(삼하 1:20)에게도 알리지 말며." 자기 나라의 경제밖에 모르는 어리석은 미국인들이 이 말을 들으면 선교 현장을 알지도 못하면서 선교사들의 사치에 대하여 떠들어 대고 사역에 어려움을 줄 수 있기 때문이었다.

아펜젤러는 선교 초기부터 열정과 헌신으로 맡겨진 사명을 감당하기 위하여 최선을 다하는 성실한 선교사였다. 그는 아침 6시에 한국어 공부를 시작하였다. 그리고 7시 30분부터 8시 사이에 아침식사를 하였다. 그 다음에는 가정예배를 드렸고, 이후 한 시간 동안은 운동을 했다. 9시부터 12시까지는 조선말 선생과 함께 한글을 쓰고 직접 발음해 보았다. 오후 시간에는 집 밖에서 이루어지는 참으로 많은 일에 동참하고, 저녁은 독서와 기록에 바쳤다. 아펜젤러에게 책은 말없는 귀한 친구였다. 아내와 아기 다음으로 그는 서재를 좋아했다. 그가 읽은 책의 목록은 그가 세계의 사상과 진보에 뒤지지 않았음을 보여 준다.

아펜젤러의 학구적인 노력

아펜젤러는 일본에서 조선으로 들어오기 전인 1885년 3월 23일 미국 북감리교회의 파울러 감독에게 조선 선교회 부관리자의 직함을 받았다.

스크랜튼 대부인은 회계로 임명받았다. 선교회의 부관리자, 그리고 15년 동안이나 맡아온 선교회 회계, 집과 학교와 교회를 함께 건축하는 것은 사실상 힘에 부치는 일이었다. 자세한 부분에까지 계산이 필요하기 때문에 새삼 경제학 공부를 하여야 했다.

이 때문에 선교사이자 번역가인 아펜젤러는 동시에 학생이 되기도 하였다. 조선말을 하루 빨리 습득함으로써 가능한 한 빨리 선교사로서의 탄탄한 자질을 갖추어야만 하기 때문이었다.

그는 설교를 하고 성서를 번역하는 능력을 갖추기 위해 최선을 다하였다. 빠른 속도는 물론 빈틈없는 정확성을 기하는 데 역점을 두었다. 그는 조선말 공부에 하루 다섯 시간을 할애할 계획이었으나 다른 일들로 너무 바빠 뜻대로 되지를 않았다. 이 때문에 조선말 선생이 불평을 하기도 하였다.

아펜젤러는 지난날 고국에서 대학과 신학대학원 시절에 그랬던 것처럼 철저하고 성실하게 공부를 했다. 대학에서 저명한 크룩스 박사 아래에서 훈련받은 대로, 중단 없는 작업으로 진행하지 않으면 안 되었다. 동료 번역가들이 증언한 대로 이제 그가 보여 줄 것은 노력이 아니라 능력이었다. 그가 글을 쓰고 있는 동안 그의 옛 은사에게서 온 편지에는 다음과 같이 적혀 있었다. "많은 학생과 교수들 사이에서 그는 여러 나라 말을 유창하게 구사하였다." 학교를 졸업한 후에도 지속적으로 공부를 해 나감으로써 제자가 되는 과정을 밟고 유능한 선교사가 된 사람은 모두가 언어학자이자 교사로 알려져 있다.

아펜젤러는 애국자인 동시에 참다운 그리스도인이었다

그는 미국의 역사에 하나님의 손길이 두드러지게 나타났다는 사실을 기억하고 특별히 제정된 날들을 잘 지켜 나갔다. 다른 한편 예배가 조화와 통일성을 갖출 수 있도록 주일마다 성경 구절을 뽑아 읽고 찬송을 부르며 기도를 드리는 데 세심한 주의를 기울였다. 또한 아이들의 친구로서 항상 그들을 반갑게 맞으며 함께 손을 잡고 즐거워했다.

크리스마스나 독립기념일, 공휴일, 소풍가는 날, 혹은 놀이나 오락을 준비한 특별한 날에는 소년의 마음으로 함께하였다. 또한 조선 사람 가정에 어려운 일이 생기고, 사람이 죽어 가고, 부모의 가슴이 무너질 때 그런 슬픔을 치유하려고 무진히 애를 썼다. 진실과 연민의 정으로 그들의 무거운 짐을 덜어 주는 참 목회자로, 그들과 눈물로 함께하였다.

주일날 교회에서 설교할 때와 같은 공식행사에는 언제나 의복을 단정히 하였으며, 예배와 의식에서 목사로서의 위엄과 품위를 갖추었다. 관계를 맺고 있는 모든 것에 흐트러짐이나 빠뜨림 없이 언제나 일관성을 유지하였다. 교인과의 대화에서는 예의범절을 지키는 것이 그에게는 철저한 규칙이었다. 그에게는 눈처럼 흰 양과 흠 없는 깨끗한 송아지를 고집하던 '레위 지파' 제사의 정신이 있었다.

일반적으로 사람들은 선교사라고 하면 얼핏 처자가 없는 독신으로 언제나 십자가와 묵주를 손에 쥔 천주교 사제와 같은 모습을 그리는 것도 사실이었다. 또한 개신교 목회자에게 좋지 않은 자극을 주는 것들도 있었다. 일요신문 특종란에 좋지 않은 기사를 보내는 사람들이 있는가 하면, 자기의 여행기를 자비 출판하는 관광 여행가나 또는 18세기 초 오스트레일리아를 답사했던 영국의 탐험가가 개신교 가정을 적지 않게 비방하고, 심지어 그들을 영접했던 사람들을 비난하며 자신들이 받은 환대를 웃음거리로 만드는 사례들이 실제로 적지 않았다. 아펜젤러는 이런 기사를 볼 때마다 마음 아파하였다.

선교사는 수도사도 아니고 독신자도 아니며, 오히려 문명의 개척자요 보호자로 가정을 꾸려 나가는 것이 중요하다고 생각했다.

반쯤의 기독교인밖에 못 되는 사람, 은퇴하여 죽는 날까지 긴장을 풀고 있는 사람을 보면서 불교나 천주교의 선교 활동과 비교해 본다면 개신교의 선교 활동이 더 큰 성과를 거둘 수 있다는 믿음을 갖게 되었다.

"오 주여! 그 기간 동안에 내가 이 조선 사람 사이에서 예수 그리스도, 십자가에 못 박히신 당신만 알도록 도와주소서."

영혼에서부터 갈구하는 기도는 계속되었다

"나는 주님께서 한 메시지를 전하라고 나를 이곳에 보내신 것으로 알고 있다. 그것은 생명의 메시지이기에 나는 그것을 충실하게 전파하기를 원한다. … 영혼을 구하는 것, 나는 그것을 위하여 신실하게 전파하기를 원한다. … 영혼을 구원하는 것, 이것이 우리의 유일하고 위대한 일이라. … 그것은 얼마나 영광된 일인가."

"악마는 자신이 세워 놓은 조상 숭배, 관습, 방탕 등으로 무참히 우리를 침범하나 우리는 그것을 공격하는 것을 두려워하지 않을 것이다. 우리가 누구의 이름으로 일을 하고 있는지 우리는 알고 있기 때문이다. 우리는 우리의 영광된 복음의 능력을 알고 있다."

하나님의 섭리에 따라 아펜젤러는 북쪽의 호랑이 사냥꾼들에게, 그리고 남쪽의 농사꾼들에게 그들의 말로 복음을 설교하는 것이 가능하게 될 것이라고 믿고 있었다.

5. 어둠의 땅에 서양식 학당

1887년은 아펜젤러에게 참으로 획기적인 한 해였다. 교육에 대한 각별한 신념이 있었던 그가 학교를 열어 학생들을 가르침으로써 조선에서의 기독교 교육의 기초를 쌓기 시작하였다.

1887년 2월 21일에 조선 국왕 고종은 이 학교의 이름을 적은 현판을 하사하였다. 서양식 학당을 본다는 것은 조선 사람들에게는 절실한 희망이었다. 배재라는 이름은 유능한 인재를 기르는 곳이라는 뜻이었다. 이렇게 해서 이 학교는 조선 정부의 후원을 받으며 웅장한 모습으로 그 첫발을 내딛게 되었다. 배재학당 입학금은 당시 돈으로 600전, 매월 납부금은 300전이었다. 영문학, 역사, 수학, 과학, 음악, 미술, 한문 등을 가르쳤으며 학교 내에 도서관도 마련하였다.

3월 14일에 푸른 빛깔의 '배재학당' 현판을 학교 입구에 달았는데, 수백 명의 조선 학생들이 입학하게 되어 이 학당은 순식간에 조선 반도 전역에 알려졌다. 1887년 9월, 미국 감리교회의 지원을 받아 아름다운 붉은 벽돌 건물을 준공하여 하나님께 봉헌하였다. 건물은 길고 낮은 단층 건물로, 조선 최초의 근대식 건물이었다. 설계자는 요시자와라는 일본인이었다. 조선 사람 심의석이 시공하였고, 아펜젤러가 현장 감독을 맡았다.

이듬해인 1888년 초에 배재학당이 완공되었다. 아펜젤러는 교장으로 취임하였는데, 이때 그의 나이 30세였다. 같은 해 3월 11일에는 가정에서도 주일학교의 문을 열었다. 또한 3월 15일에는 최초로 기독교식 결혼식의 주례를 맡았다.

1888년 봄에는 장로교회 선교사 언더우드와 함께 평양에 갔다. 10월에는 평안도 의주까지 선교 여행을 하였다. 평양과 의주를 다녀온 후에도 아펜젤러는 여러 번 서울 주변으로 조랑말을 타고 선교에 나섰다.

1889년 8월 존스 선교사와 부산으로 선교 여행을 떠나다

아펜젤러는 참으로 바쁜 나날을 보내면서도 신실한 순회 선교사로 기독교를 이 땅에 전파하기 위한 상세한 계획을 세웠다. 그는 미국 북감리교회 선교사로 초기에 와 조선 선교 사업에서 중요한 위치를 담당한 존스와 함께 부산 선교에 진력하면서 많은 고생을 하였다. 아펜젤러와 존스는 조랑말을 타고 선교 길에 나설 때에 마음의 양식이 되는 책 외에도 침구와 도중에 입을 옷가지를 준비해야 하였다. 이들은 이전에 조선 여관에 묵어본 경험이 있었다. 이번에는 방바닥에 있는 많은 벌레들을 피하기 위해 침망을 준비해 가져갔다. 편안함과 취미를 살리는 미국에서의 여행과 비교할 때 그 차이가 너무나 컸다.

충청도 땅을 밟다

이들 일행은 따뜻한 가정과 친절한 기독교인들을 서울에 두고 여행을 떠났다. 동쪽으로 충청도를 거쳐 가는 도중에 내포라는 곳을 경유했다. 아름다운 계곡과 무르익은 벼이삭이 절을 하듯 고개를 숙이고 있는 넓은 평야의 풍경을 바라보니 참으로 좋았다.

점심에는 캔에 든 닭고기와 쌀밥으로 배부르게 먹었다. 식사를 좀 하려고 하면 마치 동물원에서 동물 구경을 하듯 사람들이 모여들었다.

밤에는 맑은 공기 속 풀밭에 놓은 간이침대에서 자는 게 편하고 적격이었다. 물신(物神)이 걸려 있고, 서까래나 바닥 틈새에 숨어 있던 이름 모를 벌레들이 밤만 되면 기어 나오는 조선의 여관방을 생각하면 이 야외침대는 천국이었다. 그러나 날씨가 사나울 때면 할 수 없이 고통스러운 여관방을 찾게 되었다. 그러나 진흙 벽과 진흙 바닥, 그리고 진흙 천장으로 된 여관방은 키가 180cm가 넘는 아펜젤러에게는 똑바로 설 수도 없는 좁은 공간으로, 여기서 이리저리 부대끼는 일이란 여간 고역이 아니었다. 방안의 진흙 냄새가 코를 찌를 때에는 밤새도록 이야기를 나누면서 밤을 지새곤 하였는데, 이야기의 주제는 미국과 조선의 친구들, 그리고 무엇보다도 조선의 미래에 관해서였다. 결국 화제의 중심은 언제나 조선이었다.

조선은 아직까지는 비기독교적이었으며, 어떤 때는 절망적으로 보이기까지 했다. 그리고 조선 사람들은 아직 깨어나지 못한 것처럼 보였다. 그렇지만 그들의 알려지지 않은 저력에 대해서도 이야기를 주고받았다. 예수 그리스도의 복음이라는 무한한 가치의 보석을 소유하게 되는 조선, 이제 옛 시절은 지나고 앞으로 다가올 영광을 꿈꾸는 위대한 시기가 바로 지금이라는 데 초점을 맞추었다.

강원도 원주에 들어서다

충청도 동쪽 경계 지점에 가까워질수록 산들이 높아지고 첩첩이 솟아 있었다. 그런데 도중에 들른 어떤 마을에서 그곳 사람들에게 냉대를 받았다. 전부터 정부 후원 하에 여행하는 외국인들이 조선 귀족들이 종종 그랬던 것처럼 마땅히 지불해야 할 돈도 내지 않고, 여러 가지를 요구하는 사례가 있어 마을 사람들이 이런 것들을 염려하고 걱정했던 것이다.

그날 밤 다음 마을까지 가는 데에는 다섯 가지 어려움이 있었다. 그것은 어둠, 늦은 시간, 허기, 피곤함, 졸음이었다. 결국 이들은 마구간에서 사람과 조랑말 사이에 짚으로 만든 장막 하나만을 치고 간이침대에서 겨우 눈을 붙여야만 했다.

원주읍의 첫인상은 선물을 가득히 든 거인의 손에 있는 보석 같았다. 바위산 장막 앞의 원형 경기장이 바라다보이고, 때마침 늦은 오후 해가 지는 서쪽 하늘이 붉게 물들어 가고 있었다.

커다란 문이 간선도로로 들어가는 입구를 막고 있었다. 아펜젤러와 존스는 그 길을 따라 이 읍내의 감사가 있는 관청으로 향하였다. 이때 마치 벌집에서 막 튀어나온 벌처럼 사람들이 우르르 몰려나와 떠들며 웅성거렸다. 낯선 이방인들에 대한 호기심에 잔뜩 흥분한 군중을 문을 지키는 군인들이 제지하고 나섰다.

서울에서 국왕이 외국인 선교사들에게 관대하게 호의를 베푸는 것을 본 감사는 정중하게 이들을 맞아들여 커다란 별관을 숙소로 정해 주었다.

시간이 지나자 조금 전에 군중을 제지했던 군인들과 그의 동료들이 하나
둘씩 몰려들기 시작하였다.

금세 군중은 수백 명으로 불어나 소란이 벌어졌다. 두 사람은 무수한 눈
들이 지켜보는 가운데서 식사를 해야만 하였다. 식사 후에는 사람들이 더
욱 많아져 조선에 온 외국인이 어떻게 잠을 자는지 구경하려는 것 같았다.
외국인의 잠자는 모습을 보고 서로들 이야깃거리를 삼고 싶어 했던 것이다.

이국 땅 산골짜기에 온 아펜젤러와 존스는 갑자기 무서운 고독이 엄습
해 오는 것 같았다. 호위병들이 물러가고 감사가 명령하여 순찰대를 보냈
어도 이들 구경꾼들은 막무가내였다. 관찰사의 힘센 부하들이 억지로 내
모는 길밖에 없었다. 다음날은 주일이었다. 당시 원주에는 조선 사람 그리
스도인이 한 사람도 없었다.

존스는 아펜젤러와 단둘이 드린 아름답고 거룩한 예배를 이렇게 기록
하였다. "조선 사람은 항상 상냥하다. 비록 호기심이 생기면 예외이지만
그때에도 곧 태도를 바꾸어 관대하고 친절한 대접을 하여 불편했던 분위
기를 완전히 바꾸었다." 관찰사와 회견을 하는 동안의 일을 아펜젤러도
기록하였다. "이곳에 온 목적을 충분히 설명함으로써 조선의 백성과 영원
히 함께 사는 새로운 생명의 전도사로서의 길이 뚫리게 되었다."

조선 방방곡곡을 여행하는 외국인에게는 고충이 많았다. 아펜젤러는
그럼에도 불구하고 재미있는 일거리들을 찾아내어 곧잘 그것을 즐겼다.
시골 사람들의 주식인 옥수수 죽을 먹는 동안에도 마음만은 편하였다. 그
러나 아무리 익숙해지려고 하여도 그것을 삼키는 것이 잘 되지를 않았다.

존스는 펄펄 끓는 옥수수 죽을 삼키는 것을 매우 어려워했다. 그것은
아펜젤러에게도 마찬가지였다. 강철 같은 의지를 가져 달라는 아펜젤러
의 말을 듣고서야 존스는 그 찜질약 같은 죽을 삼킬 수 있었다. 하지만 아

펜젤러의 이러한 정성에도 불구하고 존스는 결국 탈이 나고 말았다.

조선 여관에 머무를 때에는 이전에 혹시 천연두 환자가 묵고 가지는 않았는지 신경이 쓰였다. 그런데 이보다도 그를 괴롭히는 것은 여러 종류의 벌레들이었다. 사람의 피를 빨아먹는 뾰족한 침이나 대롱을 가진 벌레들이 잠을 설치게 만들곤 하였다.

그것들은 빈대나 벼룩, 거미, 그 외의 이름 모를 작은 벌레들이었다. 아펜젤러는 신학을 공부하던 시절에 배웠던 "존재하는 것은 모두 정당하다."라는 말이 연상되어 스스로 위안을 삼기도 하였다. 어떤 아이는 제주도에서 이름 모를 벌레에게 물렸는데, 12개월이 지난 후에도 그 자국이 남아 있었다고 한다.

비누나 살충제 같은 근대적인 생활필수품을 갖고 다니지 않는 한 아무리 조선이라도 선교 사업에 열중하는 외국인에게는 고통스러울 수밖에 없었다.

아펜젤러는 조선의 교육 제도에 깊은 관심이 있었다

조선의 수백 개 읍과 촌락에는 서당이라는 교육 기관이 있었지만, 대중교육 제도 같은 것은 존재하지 않았다. 시험에 낙방하였거나 관직을 얻지 못한 남자들이 항상 서당 훈장으로 활동하였다. 단지 몇 장의 멍석, 회초리 한 묶음, 기본적인 중국의 고전 몇 권, 벼루와 붓, 거친 종이만이 교사와 학생에게 필요하였다.

조선에서는 서당 교육을 마친 이후 소수의 학생들만이 계속 공부를 해나가면서, 고작 중국 고전에 진전을 보이고 주석을 붙였다. 더 나아가 풍경이 좋은 곳에서 시를 짓거나 윤리학과 철학의 한 주제를 토론하기 위해 모이는 일이 오랜 전통으로 남아 있었다.

15세기 전반에는 공무원 시험으로 '과거'라는 것이 있어 서울과 지방 중심지에서 하나의 제도가 되었다. 야망에 찬 조선의 젊은이들은 과거 시험을 치르러 한양으로 모여들었다.

평상시에는 소와 말, 그리고 조랑말을 탄 행상인들로 단조로웠던 한양길이 과거 때가 되면 길가의 여관들까지 가득 차 소란스러웠다.

이웃 나라 중국과 조선은 과거제도를 만들어 나라를 운영해 보았지만, 갑자기 당면하게 되는 새롭고 어려운 문제들을 해결하는 데는 실패하였다. 그 당시 조선 사회에는 가정에서는 작은 군주 노릇을 하고, 관가에서는 뇌물이나 받으며 정의를 외면하는 사람들이 많았다. 더욱이 사회 구석을 들여다보면 근면하고 정직한 사람들은 천대를 받고, 부유한 사람들은 일반 백성의 곡간을 착취하는 존재로 군림하였다. 이뿐 아니라 이 시대의 정부 관리들은 자신의 개인적 위엄이나 체면을 지키기에 급급해 가난하고 천대받는 이들을 돌아볼 겨를이 없었다.

아펜젤러가 바라는 조선의 교육

아펜젤러가 구체화했던 교육은 조선의 교육과는 정반대였다. 처음에는 모든 면에서 조선 사람의 기질과 조화를 이루지 못하였다. 그러나 시간이 흐를수록 조선 사람들의 절실한 욕구를 채워 주었다.

나아가 조선의 정신적 사회적 정치적 질병과 병폐를 치유하기 시작하였다. 이런 교육은 학생들에게 생각하는 여유를 주었다. 훈련을 강조하는 가운데 암기력에서 분별력으로 변화시켰다.

아펜젤러는 과거제도가 사라지고, 귀족적 교육이 변화되며, 한 계층의

독점물로서의 교육이 차츰 소멸되어 가는 것을 볼 수 있었다. 그는 조선 민족 앞에 선교하는 목소리와 펜으로 엮어내는 글로 잔치를 베풀고 생명의 떡을 주어야 했다.

해묵은 중국의 학문에 짓눌려 있던 젊은이들이었다. 이 유능한 인재들은 이제 제대로 된 학교에서 교육을 받아야 했다. 아펜젤러의 신식 학당을 나와 당시로서는 국제적으로도 뒤지지 않는 자질을 갖추게 된 수백 명의 교사들은 조선 민족에게는 큰 수확이었다. 아펜젤러와 함께하면서 각성된 젊은이들과 학구적인 성인들은 세계와 인류에 관해 새로운 것을 알게 되었다. 그리고 예수에 의해 구원을 받게 된 이 사람들은 자신의 생명을 바쳐 민족과 인류의 발전을 위하여 헌신하겠다는 결심을 하게 되었다.

조선말을 익히는 데 전력을 다하다

그는 "한 민족의 정신은 그 언어에 담겨 있다. 언어는 그 민족의 사상의 사진이며, 그 민족의 거울이다."라고 하였다. 참다운 선교사는 그 민족의 내적인 사고를 알아야 하고, 그 사고와 자신의 사고를 그 땅의 언어로 표현할 수 있어야 한다고 그는 통찰하고 있었다.

구약성서 시편 146편 7~8절에는 여호와께서 간힌 자를 해방시키시며, 맹인의 눈을 뜨게 하신다는 구절이 있다. 이제 이 말씀은 아펜젤러에게 새로운 의미를 부여하게 되었다.

그는 조선 사람의 말을 알아듣고, 그들의 눈과 귀와 의사소통하며, 그들의 글을 실제로 읽고, 그들의 말과 행동을 연관시킴으로써 완벽한 교사가 될 수 있음을 깨달았다.

어찌됐건 기독교인들이 영혼을 사랑하는 마음으로 선교하기 위하여 외국에 나가 사람들을 만나 개인적으로 이야기하며 그들을 구주 예수께로 인도할 때 그 나라의 표준어를 쓰는 것은 대단한 효과가 있었다. 이런 상황에서 처음으로 외국어와 부딪쳐 씨름하면서 언어의 밀림에 빠진 모든 개척 선교사들은 하루바삐 조선어 사전을 편찬하고자 하는 강력한 충동을 느꼈을 것이다. 그들이 처음으로 공책이나 묵은 편지의 뒷장이나 옷소매 등 무엇이든 간에, 심지어 땅바닥에라도 조선어를 써서 단어장을 만들었을 때 '아! 사전만 있다면 얼마나 좋겠는가.' 하고 간절히 바라게 되었던 것이다.

성서 번역의 시급성을 느끼다

아직 성서 번역이 미미했던 상황에서 이 새로운 땅 조선에서 선교 활동을 할 때 조선어 개척이 우선적인 과제가 아닐 수 없었다. 솔직히 말해 중국의 그림자에 가려 조선말로 된 정식 문학과 문화는 별로 찾아볼 수 없었다. 고작해야 민요와 이야기책, 그리고 아녀자들을 위한 몇몇 종류의 소설을 제외한 모든 것은 중국 사상과 한문의 틀에 박혀 있었다.

당시 글을 배우지 못한 문맹자가 대부분이었기에, 세상이 어떻게 돌아가는지 모르고 잠만 자는 조용한 나라 조선임에 틀림없었다. 어쩌다가 눈에 띄는 소설책이라곤 언문이라고 부르는 조선 문자로 흘려 쓴 것들이었다. 그런데 이런 책에는 저자나 발행인이나 출판소가 적혀 있지 않았다. 가장 거칠고, 가장 싸고, 가장 질이 낮아 보이는 회색 종이로 되어 볼품이 없었다. 그나마 고작 있는 괜찮은 책이라면, 조선에 관해 언급한 작품들로 프랑스 꾸랑의 저서 「조선 서지」, 미국인 에스톤의 저서 「조선과 일본의 비교연구」와 게일 박사나 헐버트 교수 등이 집필한 약간의 논문이나 저서가 전부였다.

그럼에도 무한한 가치를 지닌 보물이 중국에 가려 숨겨져 있었던 것처럼 조선이 외국인 선교사들을 기다리고 있었다는 사실은 그들에게 얼마나 큰 기쁨을 주었던가? 이는 몇 백 년 동안 세상에 알려지지 않았던 무인도에 사람이 살고 있었음을 발견하였을 때의 탐험가의 환희와도 비교할 수 없는 것이었다.

아펜젤러와 언더우드에게 이보다 더 큰 즐거움이 있었겠는가. 조선 백성은 마치 수세기 동안 박물관 상자 속에 갇혀 있었던 보물과 같은 운명을 겪은 것이다. 이때 험난한 계단을 통해 마침내 천국으로 올라간 첫 사람처럼 아펜젤러 일행은 복음의 전파자로 이 조선어를 자신들의 편지와 소책자에 사용하고, 드디어 하나님의 말씀을 그 안에 담기 시작하였다.

일본과 같은 나라보다 조선에 그처럼 급속도로 복음이 전파된 데에는 그만한 이유가 있었다. 그 큰 이유 중 하나는 바로 낮은 곳으로 내려가는 복음의 특징이었다. 그 당시 특권과 지위를 가진 조선의 학자들은 언문을 배우기 쉽다는 이유로 하찮은 문자로 폄하한 반면, 아펜젤러를 비롯한 선교사들은 이 천대받는 질그릇을 하늘의 보물을 담는 그릇으로 만들었던 것이다.

조선의 언문 연구에 몰두하다

조선의 언문은 한계가 있어서 한문과 어느 정도 함께 쓰지 않고서는 학문적인 저작에 사용할 수 없었다. 더군다나 과학과 학습의 수단이 될 수 없는 것이 사실이었다. 이런 의미에서 수세기 전의 영어나 오늘의 일본어와도 다를 바 없었다.

이러한 조선어의 시련기를 거쳐 번역된 성서는 조선 사람들의 정신과 마음의 성장을 촉진시키고, 미래와 더불어 생명을 가져다주었다. 이뿐 아니라 말하고 쓰는 데 새로운 기준을 세움으로써 진정한 민족문학이 시작되도록 인도하였다.

아펜젤러는 조선 문자를 열심히 배우고 일상생활에서도 잘 사용하기 위해 처음부터 노력을 하였기 때문에 1년이 채 못 되어 조선어로 쓰고 그 것을 사상을 담는 도구로 사용하는 데 익숙해질 수 있었다.

그는 조선의 언문을 존중하였다. 다른 사람의 마음을 여는 사람으로서, 개인이나 대중을 위해 조선 언문을 자유롭게 구사할 수 있는 능력을 얻고자 하였다.

또한 도덕률과 구원에 대한 메시지를 사람들의 양심에 전달하기 위해 무엇보다도 하나님의 살아 있는 말씀을 조선 백성의 언어로 전달할 수 있는 능력을 하나님께 간절히 구하였다. 따라서 신약전서를 번역하는 사역은 조선 백성의 지성과 하나님의 한없는 사랑과 인간의 끝없는 학구적 욕구를 결합시키는 작업이었다. 이런 일이 선교사에게 큰 어려움인 것은 말할 것도 없었다.

성서 번역을 위한 경주

아펜젤러는 물론 부단한 노력도 하였지만, 그와는 별도로 언어에 대한 특별한 능력도 있었다. 랭커스터의 옛 은사에게서 받은 편지에는 이렇게 적혀 있었다. "많은 학생과 교수들 사이에서 그는 언어 습득에 뛰어난 능력을 가진 학생으로 알려졌다. 실제로 그는 여러 나라의 말을 유창하게 구사하였다."

그는 언문을 존중하였다. 특별히 아펜젤러는 그 언어를 사용하는 일에 있어 마치 우승을 목표로 하는 운동선수처럼 꾸준하게 전진하였던 것이다. 성서 번역으로 구원의 복음과 하나님의 살아 있는 말씀을 그 민족의 언어로 전달해 주기 위하여 최선을 다하였던 것이다.

그에게 신약성서 번역 사역은 마치 민족의 지성에 철도를 건설하는 것, 혹은 하나님의 한없는 사랑과 인간의 끝없는 욕구라는 두 바다를 연결시켜 주는 것과 같았다.

또 다른 동료 선교사는 이렇게 고백하였다. "그것이 얼마나 엄청난 작업인지 해보지 않은 사람은 모른다. 뉴욕의 60층짜리 생명보험 건물도 이 작업만큼 거대하지는 않으리라. 이 작업을 하는 데는 약 10년이 걸린다. 필요한 기초를 파나가는 모든 일, 한 문단씩 삽질을 해나가는 그 모든 일, 온통 말라리아와 피로로 덮여 있는 것 같은 각 단어들을 거르고 무게를 달고 평가하고 기록하는 일은 마치 파나마운하를 파고 있는 것 같은 착각이 들게 한다."

아펜젤러는 마태복음, 마가복음, 고린도전후서를 맡았는데, 이 작업은 결국 영광스럽게 끝났다. 1900년 9월 9일 조선말 신약성서의 완성을 감사하는 예배를 서울의 정동교회에서 드렸다. 그 영광스러운 작업을 함께한 사람들이 서명을 남겼다.

콜레라에 대한 무방비 상태를 한탄하다

이미 1886년 여름 그 무서운 콜레라가 만연하여, 서울을 6주간이나 황폐하게 만든 적이 있었다. 아펜젤러는 이를 매우 마음 아파하였다. 매일 수백 명이 죽어 갔지만 그들을 묻는 것조차 허용되지 않았다. 이 때문에 하루에도 30회나 긴 시체 행렬이 밤낮으로 열려 있는 서대문을 통해 실려 나갔다. 당시 조선 사람들은 무지한 탓에 쥐가 사람 옷에 들락거리며 병균을 옮김으로 생명을 위협하는 것을, 문이나 벽에 고양이 그림을 걸어 놓거나 경련이 일어날 때 환자의 배를 고양이 가죽으로 문질러 고쳐 보려고 하였다.

집안에 콜레라가 번지고 있는 동안에 조선 사람들은 매일같이 과일과 채소를 마구 먹어 치웠다. 때로는 오이를 날 것으로 껍질까지 먹어 버렸다. 참으로 안타까운 일이 아닐 수 없었다.

하늘을 보는 창문이 뚫어져 고약한 시궁창 냄새가 서울 거리를 채우고 있었다. 사람들이 오염된 도시를 물로 씻어내며, 습기 찬 뜰과 거리에 남아 있는 독기를 씻어내는 동안 때 아닌 서리가 내렸다. 9월이 되면서 콜레라의 기세는 수그러들었다. 이렇게 견디기 힘든 여러 어려움 중에서도 더위를 참는 것은 더욱 힘든 일이었다.

아펜젤러는 조선 사람들의 비참함을 차마 눈뜨고 볼 수 없었다

전염병이 휩쓰는 동안 그의 마음은 사람들의 밑바닥 생활에 깊게 쏠리고 있었다. 양반들이 사는 저택에서 질병의 징후가 처음 보이면, 여자 노비들이 제일 먼저 쫓겨났다. 또 가난한 사람들도 지주의 가족에 의해 거리로 내쳐졌다.

집에서 쫓겨나온 노비들은 거리에서 죽기만을 기다려야 했다. 어떤 노비의 경우에는 몸을 가마니로 똘똘 말아 거리에 내버려졌다. 혹시 살아날 기회가 있을까 하여 마지막으로 쌀 몇 줌과 물 한 그릇을 주었다.

서대문 바로 밖에는 하루에 60여 개의 가마니가 늘어서 있었으며, 밤에는 노란 가마니들이 열을 지었다. 밤사이에 대문 하나만으로도 200여 구의 시체가 실려 나갔다. 그 고통과 비애의 소리, 슬픔과 광란의 소리가 마치 긴 한숨의 울음소리 같았는데, 아직까지는 전염되지 않은 외국 사람들의 집에까지 서럽게 들려왔다.

어느 날 아펜젤러가 문을 열고 나가는데, 문 앞에서 가난한 노비 소녀가 혼자 죽음의 순간을 맞이하는 모습이 보였다. 그는 그 소녀를 자신의 집으로 데려와 숨이 끊어질 때까지 지켜보아 주었으며, 사망 후에는 매장 비용을 내주었다.

1895년 청일전쟁 후에 조선에는 다시 콜레라가 발생하였다. 조선 정부는 사람들이 설익은 사과와 수박, 오이 등을 대량으로 실어 나르는 것을 통제하고 나섰다. 고시(告示)를 내어 채소들 운반을 금지시키고, 이를 어길 시에는 벌을 주었다.

콜레라를 치료하기 위하여 왕실은 한때 1만 달러를 들여 낡은 건물에 임시 구급병원을 열었다. 그러나 치료비로 써야 할 돈의 대부분을 탐관오리들이 가로채 버렸다.

아펜젤러는 세찬 겨울바람이나 한여름의 뙤약볕 아래 길거리에 누워 있는 가난한 사람들을 목격하였다. 환자들이 처져 있을 때 그 괴로움을 함께 이겨 나가려는 사람들도 있었으나, 이미 죽었거나 죽어 가는 전 가족이 함께 오두막에 누워 있는 경우도 볼 수 있었다.

아펜젤러의 편지에는 이런 사실들이 자세하게 적혀 있다.

6. 하나님과 함께한 축복

휴가차 고국으로 가다

그가 조선에 온 지도 7년이나 되었다. 그 동안 선교 사업에 너무나 열중한 나머지 마음과 몸 모두의 힘을 다하였기에, 때마침 안식년이 되어 휴식을 취하는 것은 현명한 일이었다. 앞으로 계속 일할 것에 대비해 힘을 비축해야 했다.

아펜젤러의 뛰어난 능력은 이제 성숙해 가는 과정이었다. 그러나 조선을 방문한 한 감독이 말한 것처럼, 그 동안 아펜젤러는 세 사람의 몫을 해 왔기에 여간 지친 것이 아니었다.

전염병에 걸리기 쉬운 기후에서 개척자라는 고달픈 사업을 하였기에 체력이 많이 달린 것은 사실이었다. 이 때문에 그가 조선에 처음 왔을 때는 체중이 90kg 정도였는데, 7년 후인 1892년에는 63.5kg으로 줄었다.

한 의사가 아펜젤러에게 고향에 가서 좀 쉬는 것이 좋겠다고 권고하였다. 때마침 미국에 있는 해외선교부에서 본국으로 오라는 명령을 받았다.

서울을 떠나던 날, 아펜젤러는 짐 나르는 조선인 인부와의 사이에 좋지 않은 일을 겪었다. 하지만 이런 일은 어느 곳에 가더라도 있을 법한 일이요, 인류의 공통된 모습이라고 스스로 이해하고 넘겼다.

1892년 6월 1일 이른 아침, 미리 예약된 가마꾼과 말들이 나와 있었다. 말에는 짐을 싣고, 가마엔 사람이 타고 이제 떠날 준비가 다 되었다. 그런데 제물포로 가는 기선을 강에서 타기 위해서는 가마가 제 시각에 출발해야 하는데도 어찌된 일인지 계속 지체가 되었다. 인부들이 아무런 이유 없이 심술을 부리는 것이었다. 이는 동양인뿐 아니라 모든 아시아인들에게 있는 속성이라고 생각했다.

아펜젤러는 책에서 본 것과는 달리 실제로 그런 사람을 대하고 보니 분통이 치밀어 올랐다. 이미 짐꾼 우두머리에게 운임을 지불한 터였다. 그는 다시 한 번 조선 사람의 나쁜 타성에 신경을 쓰지 않을 수 없었다.

아펜젤러의 감리사직을 스크랜튼 박사가 이어받았다. 휴가 기간은 1년으로 잡아 이듬해 7월에 돌아올 예정이었다.

항해 도중 아펜젤러는 잡지 〈일본우편〉 사무소에 있는 프랭크 브링클리 대령을 만났다. 고고학의 전문가이기도 한 이 재능 있는 군인을 만나 잡지를 함께 보며 즐거운 시간을 보냈다. 이 잡지는 반세기 동안 일본을 세계에 알리는 큰 역할을 하고 있었는데, 아펜젤러는 7년간 이 잡지의 조선 특파원을 맡았다. 그가 미국에서 휴가를 보내는 동안에도 잡지를 받아 보았기에 세계의 움직임에 관한 정보를 계속 얻을 수 있었다.

고국에 도착하여 오랜만에 아버지 집에서 가족들과 회포를 풀었다. 집에서 한 달 가량 지내는 동안에도 아펜젤러는 매우 바쁜 시간을 보냈다.

동아시아에서 일하는 동안 출간된 책들을 읽는 일이나 친지를 방문하고 환담하는 것뿐만 아니었다. 그에게 더 중요한 일은 교회에서의 봉사였다. 그는 조선에서 선교 활동을 하는 동안 주장했던 내용을 고향과 그 외의 여러 곳에서 강의하였다. 뉴잉글랜드에도 한 달 정도 머물렀으나 중요한 일은 대부분 중부지방에서 처리하였다.

고국에 가 있는 동안 교회 순회 여정은 동부지역에까지 확대되었다. 로드아일랜드 주의 피닉스 시에 있는 감리교회에 가서 오랜만에 친구인 워즈워드를 만나 그 앞에서 훌륭한 설교를 하였다.

고향에 돌아온 이 승리의 펜실베이니아인에게는 이제 아내만 있는 것이 아니었다. 하나님께서 주신 세 아이도 함께 있었다. 그는 아이의 이름을 게르솜이라 하지 않고, 자신의 이름을 따라 헨리라고 지었다. 그가 두고 온 집에는 귀중품만을 치운 후 다른 사람이 살게 하였다. 이 모두가 하나님의 은혜라고 믿고 주님께 감사하는 마음을 잃지 않았다.

1892년 7월부터 1893년 6월까지 1년 동안 고국에서 지내다가 다시 조선에 돌아올 준비를 마친 그는 오는 길에 시카고에 이삼 일 정도 머무를 계획을 세웠다.

1893년은 특별한 해였다

조선이 처음으로 일본을 제치고 외국 땅에서 조선의 산물을 전시하고 사절을 보냄으로써 자신의 모습을 나타냈으며, 미국인들에게 조선 사람의 의상과 풍습을 보여 주었다. 이 행사는 미국인 슈펠트가 조선과 맺은 조약을 비준하러 온 기회에 이루어졌다.

10년 전인 1883년에 온 조선 보빙사절단이 미국의 몇몇 도시를 방문하였다. 그들은 1883년 7월 16일에 조선을 출발하여 9월 2일에 샌프란시스코에 도착하였고, 이곳에서 대륙횡단 열차로 워싱턴까지 갔다. 당시 사절단원은 민영익, 홍영식, 서광범, 유길준 등 11명이었다. 이는 1882년 한미수호조약 체결로 이루어진 미국 초대 공사 후트의 입국에 대한 답례로, 당시 일본에 주재하던 미국 감리교회 맥클레이 박사가 실무를 도맡았다.

미국 워싱턴 볼티모어 러블리레인감리교회 담임목사였던 가우처 목사가 열차에서 이 사절단을 만나 조선의 형편을 알게 되었고, 그 후 조선 선교의 필요성을 뉴스 매체에 알리기 시작하였다. 뿐만 아니라 뉴욕에 있는 감리교 선교부에 2,000달러를 기부하여, 조선 선교의 문을 여는 기폭제가 되었다. 감리교 선교부는 당시 중국 선교 사역 중이던 맥클레이 박사에게 조선의 선교 가능성을 타진하게 하였으며, 그는 김옥균의 통역으로 교육 및 의료 선교 사업에 대한 고종 황제의 윤허를 받았다. 이후 스크랜튼과 아펜젤러가 목사안수를 받고 조선 선교사로 파송을 받게 되었으며, 일본 요코하마에서 맥클레이 박사 주재로 제1회 조선 선교회를 개최하였다. 드디어 교육 선교사 아펜젤러 목사와 의료 선교사 스크랜튼 박사가 파송을 받게 된 것이다.

워싱턴에 있는 국립박물관에는 이미 조선의 진귀한 물건들을 전시해 놓은 진열장이 있었다. 아펜젤러도 서울을 떠나기 직전에 스탠포드대학을 위하여 500달러를 들여 여러 종류의 조선 물건들을 수집한 일이 있었다.

아펜젤러가 휴가차 미국에 머무는 동안 알렌 박사의 인솔로 온 조선의 사절단과 동행하여 시카고와 워싱턴에 갔다. 이때 조선 사절단은 흰 두루마기를 입었다. 그리고 10명의 궁중 음악가들도 동행하였다. 역사가 길고 고전적인 조선의 음악이라 할지라도 미국인들은 제대로 감상할 수 없을 거라고 충고하였다.

미국 정부와 박람회 측이 이들의 체재비를 부담하려 하지 않았기 때문에 이 연주자들은 곧장 조선으로 돌아갔다. 아펜젤러는 자신이 가르친 학생이 전시회의 책임을 맡고 있다는 사실에 매우 기뻐하였다.

새로운 선교 사업에서 수난을 겪다

아펜젤러는 조선의 기독교가 외국의 군복을 벗어 버려야 한다고 주장하였다. 선교 문제에 관하여 꿈만 꾸고 계획만 세우는 것이 아니라, 조선의 미래를 위해서도 훌륭한 기독교 대학을 세우는 일에 몰두하였다. 서울에 돌아온 아펜젤러는 자신의 집에서 선교 활동을 재개하였다. 그러나 이번에는 실질적으로 전혀 새로운 문제들을 가지고 활동하는 것이었다. 그의 사업은 계속 성공을 거두었다.

1892년에는 서해안의 제물포와 동해안의 원산 항구, 그리고 역사적인 도시인 평양에 선교 거점을 마련하였다. 그런데 이때 조선의 정정(政情)이 다시 혼미해졌다. 동학당이라는 동학교도들이 봉기한 갑오농민전쟁(동학란)이었다.

이런 와중에서도 맥길 박사는 원산에서 의료 사업을 시작하였고, 홀 박사 부부는 평양에서 육신을 치료하고 영혼을 구하는 전도 사업의 문을 열었다. 처음에는 대도시 사람들이 외국인들을 아무 쓸모없는 존재로 여겼다. 왜냐하면 일부 외국인들이 조선 사회의 윤리 도덕에 어긋나는 행위를 보였기 때문이다.

때문에 지각 있는 이들은 선교사들은 과연 어떤가 하고 차가운 눈초리로 그들을 지켜보았다. 하지만 선교사들은 이런 분위기도 잘 견디어 냈다.

청일전쟁 발발

마침내 조선 반도 안에서 이웃 국가들의 전쟁이 터졌다. 청나라 군대는 반은 군인이고 반은 유목민으로 무지막지하였다. 탐욕스러운 청나라 무리는 조선 사람 8만 명이 사는 평양을 점령해 버렸다. 그들은 집을 태우고 재산을 약탈하였을 뿐만 아니라 여인들을 마구 폭행하였다.

조선 침략의 기회만을 엿보고 있던 일본도 그냥 있지는 않았다. 별이 달린 모자를 쓴 일본 왕의 군대는 평양에서 청군을 몰아냈다. 이로써 조선에서의 중국의 위신은 완전히 꺾이고 말았다.

아펜젤러는 조선 사람의 귀신과 싸워야 했다

아펜젤러의 선교 사업을 어렵게 하는 걸림돌은 조선에 팽배한 미신이었다. 미신이야말로 조선 사회를 좀먹는 커다란 괴물이었다. 병이 나면 귀신에 씌어 그렇다고 하고, 사람이 죽어도 그 망령이 귀신이 되어 나타난다고 하니 참으로 해괴한 일이었다. 서구 유럽의 문명에 접하지 못한 탓에 여전히 잠자는 은둔의 나라로 남아 있는 조선을 아펜젤러는 답답해했다.

그는 이런 걸림돌들을 제거하기 위해서는 단순히 선교 사업에만 그칠 것이 아니라 교육적인 면에서 근본적인 쇄신책이 있어야 한다고 느끼기 시작하였다.

그래서 귀신들로 인한 희생자들의 모습을 면밀히 살펴보았다. 이 사악한 귀신들에 대한 병적인 상상력이 만들어 낸 결과들은 삶의 사소한 부분에만 그치는 것이 아니었다. 한 사람이 죽으면 살아 있는 모든 사람이 공포에 떨었다. 이런 것들은 조선 사람에게는 운명의 장난이나 복수의 귀신이 벌이는 장난을 연상시켰다.

조선 사람들은 사람의 몸에서 떠난 혼백이 사람의 눈으로는 볼 수 없는 소위 구천(九天)의 세계에서 헤매고 있다고 믿었다. 이러한 환상을 지배하는 귀신은 막대한 힘이 있으며, 숨어서 살아 있는 사람을 괴롭히거나 더 나아가 신비로운 생각마저 들게 만든다고 하였다.

이것들은 밤에 가장 왕성한 활동을 하기에, 닭이 우는 새벽이 되어야 공포에 질린 사람들의 얼굴이 펴졌다. 때로는 귀신을 봤다는 소문이 나기도 하였다. 귀신이 있는 한 사람들은 그 사악한 귀신들의 비위를 맞추거나 그것들이 나타나지 못하도록 사전에 예방해야 했다.

조선 사람들은 고대로부터 내려오는 이 답답한 민간 무속 신앙에 지배받았다. 귀신을 마다하고 관습을 따진다면 커다란 재앙이 뒤따른다고 생각했다. 특히 몹쓸 병이나 전염병이 발생하거나 또는 오랫동안 비가 오지 않아 기근이라도 생기면 이런 현상은 더욱 심각해져 조상이 정해 준 어떤 규칙에 따르지 않았거나 아예 잊어버렸기에 일어난 일이라고 믿었다. 또는 산에 있는 산신령을 위하지 않아 그런 것이라고 했다. 그러나 문명에 깬 사람들은 천연두, 콜레라. 발진티푸스 등의 원인이 무엇인지 과학적 연구 결과로 이미 알고 있었다.

반면 조선 사람들은 단순한 사고방식으로 사람의 몸에서 일어나는 모든 현상이나 기후 또는 자연의 변화 등 눈에 보이는 것이나 보이지 않는 것 모두가 귀신의 능력이라고 생각하였다.

이러한 악습을 고치고 없애기 위해 가장 먼저 할 것은 그 상상의 존재를 해롭지 않은 존재의 수준으로 끌어내리고, 그 허수아비에 뿌리박은 민간 무속 신앙을 보잘것없이 낡아빠진 화석(化石)으로 간주하게 하는 것이었다.

이러한 과정은 선교사들의 정신세계에서는 이미 이루어졌으며, 조선 사람들도 장차 하나님의 은혜로 그렇게 될 것이라고 아펜젤러는 굳게 믿고 있었다. 참다운 기독교인으로 인도하기 위해 구원과 멸망을 주재하시는 유일한 주 하나님의 다스림 아래 거하도록 모든 잡신과 다신주의(多神主義)를 없애야 했다.

아펜젤러는 어떻게 하면 귀신과 도깨비를 조선 땅에서 쫓아낼 수 있을지 골몰하였다. 그는 "하나님의 전신 갑주를 입으라."는 바울의 호소에 깊은 감동을 받았던 자기 자신을 떠올렸다. 에베소서 6장 11~12절의 말씀처럼 우리의 싸움은 혈과 육을 상대하는 것이 아니요 보이지 않는 악의 영들을 상대하는 것이기 때문이다.

당시 궁궐에 거하는 250명의 광대, 300명의 궁수(弓手), 300명의 정리(廷吏)와 내시(內侍), 천 명의 무희(舞姬), 그 외에 수천을 헤아리는 다양한 시종 하인들 모두가 나라의 녹(祿)을 먹는 사람들이었다. 섣달그믐이면 국왕이 외국인들에게 보낸 첫 통지 중 하나가 악한 귀신들을 쫓기 위해 사용하는 화약 소리에 놀라지 말라는 당부였다.

신약성서에 언급된 에베소 교회 사람들과 조선 사람들은 그 마음 상태에 있어서 비슷한 점들이 있었다. 그들은 언덕과 골짜기의 하늘에 병적인 환상을 만들어 내는 귀신들과 온갖 사악한 퇴폐물이 가득 차 있는 것으로 여겼다. 아펜젤러는 조선 사람들의 삶에서 귀신을 몰아내기 위해 시종일관 최선을 다하였다. 하나님이 주신 능력으로 이런 귀신들을 조선 땅에서 완전히 내몰게 되기를 간곡히 기도하였다.

아펜젤러는 실제로 경험한 일들을 상기해 보았다. 배재학당의 부지 공사를 할 때 땅을 파던 일꾼들이 땅속에 숨어 있는 유령과 귀신에 대한 두려움 때문에 몹시 떨고 있는 광경을 목격한 일이 있었다.

또 다른 예도 있었다. 1592년 일본이 조선을 침범했을 때 학당에 심었다는 나무가 있었다. 그런데 아펜젤러가 조선에 첫발을 들여놓은 1885년에 들은 바로는, 다른 나라에서 들여와 심었다는 이 나무에는 힘센 귀신이 있어 대대로 아무도 건드리지 못하였다는 전설이 전해져 온다고 했다.

또 하나는 죽은 사람들의 인적사항과 무덤의 소재와 방향 등을 적은 지석(誌石)이었다. 학당 근처를 지날 때면 조선 사람들은 두려움에 떨었다. 그러나 아펜젤러는 자유를 주러 온 사람으로서, 지석을 치워 그 시대의 역사적 유물로 간직하였다. 이처럼 귀신을 대수롭지 않게 여기는 그의 행동에 사람들은 모두 놀랐다. 일부 사람들은 이 지석을 다시 묻어 주거나 죽은 사람의 영혼을 잠재우지 않았기 때문에 해를 입거나 병을 앓게 되지 않을지 걱정하였다.

조선의 땅 어디에나 이런 지석이 수만 개나 묻혀 있었다. 나무로 된 부장품(副葬品)은 곧 사라져 갔다. 하지만 도기와 제사 도구들은 상품의 가치가 있고 도굴하기도 쉬웠는데, 이것들은 탐욕을 불러일으킬 만큼 예술적으로도 퍽 아름다웠다.

외국인 선교사들은 유교와 불교의 전통에서 살아온 조선 사람들의 높은 문화의 벽에 기독교 신앙으로 맞서 항상 앞으로 나아가야만 했다. 이러한 토착적인 관념은 갈 길을 아예 메워 버리는 산사태처럼 큰 걸림돌이 되고 있었다. 이런 까다로운 문제들을 어떻게 해결해 나갈지는 아펜젤러를 계속 따라다니는 기도 제목과 연구 과제였다.

1889년 7월 외국인 묘지를 구획하고 확장하여 이 땅을 떠난 기독교인을 매장할 때였다. 조선 사람들이 떼를 지어 몰려와 외국인들이 이 땅의 소유자인 귀신들을 성가시게 한다며 항의를 했다. 그들은 어떻게 감히 외국인들이 귀신을 달래는 무당이나 풍수 전문가에게 묻지도 않고 무덤을 함부로 만들려고 하는지 따져 물었다.

그들은 아무런 예방책도 없이 땅을 파서 무덤을 만들면 귀신들이 나타나 주민들을 괴롭힐 것이라고 믿었던 것이다. 그런데 외국인들이 무덤을 만들려고 하는 땅 근처에는 어디를 가나 귀신을 위하는 사람들이 있다는 것이었다.

그렇기 때문에 귀신이 있는 문을 지나가면 귀신의 분노를 사게 됨으로 귀신이 없는 맞은편 담을 헐어 그곳으로 외국인들의 시체를 운반해야 한다고 주장하였다. 외국인 묘지 문제가 처음으로 표면화된 것은 1890년 7월 26일 당시 북장로교회 의료 선교사였던 헤론(惠倫)이 소천했을 때다.

아펜젤러가 부지를 선정하여 그의 지휘 아래 땅을 고르고 다듬는 작업이 시작된 뒤였다. 그런데 조선 사람들이 너무나 흥분한 상태였기 때문에 과연 이 외국인 부지 작업이 계속될 수 있을지 의심스러웠다. 이때 아펜젤러는 그의 묘지법인의 회계 겸 총무로 선출되었는데, 마지막으로 이 법인의 정관이 정해진 것은 1894년 6월이었다.

아펜젤러는 조선 사람들의 항의에 굴복할 수 없었다. 조선의 왕이 처음으로 성문 밖의 땅을 하사한 것이기 때문에, 일단은 그 지역 주민들과 타협하는 것이 현명한 일이라고 생각했다. 그래서 시신은 문 맞은편에 있는 담을 헐고 그곳으로 운반하였다. 아펜젤러는 꾸준히 인내심을 갖고 사람들이 말하는 귀신이 물러갈 수 있도록 하나님께 간곡히 기도하였다.

조선 사람에 대한 교육 이념을 세우다

아펜젤러는 교육 이념을 가지고 있었다. 그리고 그 이념에 따라 실천에 옮기는 문제로 부심하였다. 처음에 배재학당이 성장 발전하는 동안에 그의 사업에 동참하게 될 선교사들이 속속 부임하였다. 여태껏 혼자서 계획하고 행동했던 일들을 동역자의 협조를 얻어 하나하나 확실하게 정비해 나갈 수 있게 되었다.

아펜젤러의 이 학교는 미국 공사 후트의 건의안에 따라 영어를 가르치는 비교적 단순한 목적으로 출발하였다. 그러나 문호를 개방하고 해외의 문물을 받아들여 부국강병을 꾀하려는 개화파의 입장에서 본다면 영어 교육은 단순한 영어 공부 이상의 것이었다.

조선 정부의 적극적인 의지는 1886년에 개설하여 외국인 교사가 교육시켰던 육영공원의 교육에서 처음으로 나타났다. 예로부터 부귀와 영화를 갈구했던 백성이 새로운 학문 영어를 곧 출세의 지름길이라고 여겼던 것은 당연하였다.

영어에 대한 당시의 열기는 아펜젤러 측근들과의 문답을 통해서도 알 수 있다. "왜 영어를 배우려고 합니까?" "벼슬을 얻으려고 합니다." 이런 교육적인 분위기에서 아펜젤러는 조선 사람에게 자조(自助)의 훈련을 시키려고 하였다. 이러한 훈련은 가난한 소년들이 맡겨진 일을 스스로 하도록 만들었고, 이것은 아펜젤러가 행한 교육 사업의 한 특징으로 나타났다.

이에 따라 기숙사가 만들어지고 산업부가 생겨 근로 장학생들을 수용하게 되고, 나아가 자조훈련이 구체적으로 실현되는 하나의 방편이 되었다.

감리교인과 기독교인의 정신이 무엇인지를 가르치다

아펜젤러는 기독교 정신이란 남을 섬기는 종이 되는 것이요, 자기 목숨을 많은 사람을 위한 희생으로 바치는 것임을 깨달았다. 이 진리를 조선의 젊은이들의 훈련에 적용시키는 것이 자신의 사명이라 생각했다. "너희 중에 누구든지 으뜸이 되고자 하는 자는 너희의 종이 되어야 하리라. 인자가 온 것은 섬김을 받으려 함이 아니라 도리어 섬기려 하고 자기 목숨을 많은 사람의 대속물로 주려 함이니라(마 20:27~28)." 아펜젤러는 이 복음 선포의 선교 사명을 교육으로 구체화하려고 했던 것이다.

아펜젤러가 세운 학당의 당훈(堂訓)은 교육자로서의 신념을 성경 말씀에 기초하여 만든 것으로, 크게 되고자 하는 자는 마땅히 다른 사람의 부림을 받아야 한다는 데 그 근본정신이 있었다. 그는 학생들을 통역관이나 교환수보다 실제적 지식을 많이 소유한 교양인으로 양성하는 데 뜻을 두고 있었다.

봉건적 사회질서에 순응하는 인간을 양성하는 것이 아니라 전국 각지에서 구시대적인 현 상태를 개선하기 위해 찾아오는 사람들을 구원하는 데 있다고 하였다. 그가 기대했던 교육은 그 당시 최고의 근대적 시민 교양을 함양시키고 지도자를 양성하는 데 있었다.

대학 교육 외에 신학부 개설을 목표로

1896년 2월에 이런 작업이 구체화되기 시작했다. 교육 방향과 선교학교로서의 성격을 규정짓는 데 깊은 이해와 노력이 필요했다. 그러나 그가 지도하는 신앙 훈련은 학교 분위기를 신앙적으로 변화시키는 데 크게 기여했다.

1890년 후반에 가서는 크리스마스 때 예수를 믿지 않는 학생까지도 예수의 탄생을 통해 자신들에게 내릴 축복에 대해 증거하게 되었다. 학교의 분위기는 완전히 기독교 정신으로 가득하였다. 결과적으로 복음적인 기독교를 전파하기 위한 힘 있고 진취적인 교육 기구를 만드는 것에 목적을 둔 것이 옳았음을 확인할 수 있었다. 아펜젤러는 배재학당을 선교학교로서, 복음적 신학으로 이끌고 가기 위해 꾸준히 노력하였다.

아펜젤러는 기독교적인 대학교를 구상하였다. 아펜젤러의 이 구상은 미국 감리교회 해외선교부가 조선 주재 미국 공사관에 협조를 구하게까지 하였다. 그는 두 번째로 고국을 방문했을 때, 배재학교가 새로운 대학과 신학교로 쓰기 위한 건물을 세우는 데 해외선교부의 승인이 나는 대로 협조를 구할 예정이었다. 이러한 아펜젤러의 활동과 노력에 대해 오랫동안 선교의 현장에서 그와 함께 일했던 스크랜튼은 이렇게 기록하였다.

"자기에게 닥치는 일을 거절하지도 않고 자기 몸을 아끼지 않는 것은 그에게는 하나의 철칙이었다. 아펜젤러에게는 선교 다음으로 교육이 가장 귀한 과제였다. 그는 배재학당에서 대학교의 모습까지 바라보았으며 그의 가르침을 받으러 오는 모든 학생이 장차 국가의 고문, 조선의 혁신자가 되어 의(義)의 조선을 건설할 꿈을 꾸었다. 그는 학생들을 강제하는 것을 원치 않았다. 때때로 탈선과 같은 어려움이 있다 하더라도 그들을 진리로 이끌고 경건한 발전을 꾀하게 하는 정신이 그들 안에 역사하고 있다고 믿었기 때문이다."

아펜젤러의 교육 이념과 신앙 훈련은 처음에는 오직 벼슬을 목표로 입학했던 조선의 젊은이들을 차츰 변화시켜 갔다. 그들 중에는 단순히 교과 과정만을 마치고 떠난 사람도 있었지만, 대부분은 아펜젤러의 교육 이념과 신앙 훈련에 큰 영향을 받아 자신의 길을 개척하였다.

그들은 스스로의 결정으로 기도회를 갖기도 하고, 성경 공부반도 개설하였다. 이렇게 새로운 교육과 기독교 신앙을 통해 개개인의 삶이 변화되자 그 변화된 삶은 누룩과 같이 조선 백성의 생활 속으로 퍼져 나갔다.

조선 격동기 중심에 선 증언자

1896년 11월 21일에 있었던 독립문 정초식에 참석한 아펜젤러는 5,000여 명이 넘는 국내외 귀빈들이 모인 가운데 기도를 하였고, 배재학당 학생들은 애국가를 합창하였다. 공식적인 기독교식 기공식이었다.

아펜젤러는 이후에도 계속 청년 운동을 모색하며 협성회, 독립협회에 적극 가담하였다. 또한 만민공동회의 주동 세력으로 등장하여, 일본과 보부상 세력으로부터 한때 위협까지 받았다.

이 무렵 학생 운동이 활발하게 된 이면에는 미국에서 돌아온 서재필(徐載弼)이 배재학당 학생들을 지도하며 그들과 연대관계를 굳게 한 것이 크게 작용했다. 이것은 일본의 사찰 기관이 그대로 지나칠 수 없는 중요한 요인이 되었다.

그리피스는 아펜젤러가 선교 활동을 다음과 같이 언급했음을 기술하였다

"조선에서 나의 사랑하는 교회의 초석을 만드는 데에 내 평생을 기꺼이 바치겠다. 아직은 건물을 바라보지 말라. 실망할 것이기 때문이다. 다만 그 건물을 위해 기도하라. 그러면 감리교회가 고요한 아침의 나라에서 꽃피게 될 것이다. 내가 가지고 있는 야망은 이 나라 전역에서 그리스도를 설교하는 것이다. 그러나 주여, 그 기간 동안 내가 이 조선 사람들 사이에서 십자가에 못 박히신 당신만 알도록 도와주소서. 나는 주께서 한 메시지를 전파하라고 나를 이곳에 보내셨다고 믿는다. 그것은 생명의 메시지이기에 나는 그것을 충실하게 전파하기를 원한다."

"영혼을 구원하는 것, 이것이 우리의 유일한 위대한 일이다. 그것은 영광된 일이 아니겠는가. 악마는 자신이 세워 놓은 조상들의 관습, 방탕으로 열심히 우리를 침범하나 우리는 그를 공격하는 것을 두려워하지 않을 것이다. 우리가 누구의 이름으로 일하고 있는지 우리는 알고 있기 때문이다. 우리는 우리의 영광된 복음의 능력을 알고 있다. 하나님의 섭리로 북쪽의 호랑이 사냥꾼들이나 남쪽의 농사꾼들에게 그들의 말로 복음을 설교하는 것이 가능하게 되었다."

7. 감리교회의 시작과 예배당 건축

1904년 W. B. 스크랜튼 선교사의 회상이다.

"아펜젤러 형제는 서울의 중심부에 있는 한국인의 집을 샀다. … 처음으로 한국인들과 함께 공적인 예배를 드릴 수 있는 장소를 마련한 것이다. 그집은 초신자 한 사람이 맡아 관리하기로 하였다. 그리고 방 하나는 한국의 첫 예배당으로 정하였다. 그 방을 깨끗이 치우고 새로 도배도 하였다. 한국교회에서의 첫 성례를 위하여 단정하게 차린 기구들을 놓은 낮은 탁자 외에는 다른 아무 기구도 들여놓지 않았다. 아펜젤러 형제와 나, 그리고 네다섯명의 세례 받은 한국인들만이 처음으로 이 기억할 만한 회중을 이루고 있었다. 이 날은 크리스마스였는데, 아침에 아펜젤러는 그가 좋아하는 성경 구절을 본문으로 하여 한국어 설교를 세심하게 준비하였다. 그 구절은 '그 이름을 예수라 하라. 이는 자기 백성을 저희 죄에서 구원할 자이심이라(마 1:21).' 였다. 예배는 매우 엄숙했다. 은밀히 경배를 드렸지만 우리는 거기서 첫 열매를 거두게 되었으며, 약속하신 권능을 얻게 되었다. '볼지어다. 내가 세상 끝 날까지 너희와 항상 함께 있으리라.' (마 23:20)"

이 예배에는 두 스크랜튼 부인, 즉 스크랜튼 선교사의 어머니와 아내, 그리고 아펜젤러의 부인도 참석하였다.

이렇게 하여 돌이나 벽돌로 만든 외형상의 교회가 아니라 성령에 응답하는 영혼들이 모인 교회가 이루어져 예배당 건축이 계획되었다.

"그 건물은 어디서나 볼 수 있는 그리스도인 예배당의 전형적인 모습을 갖추었다. 벽돌로 된 벽과 뾰족한 지붕 위에 네모난 탑이 솟아 있는 이 예배당은 1895년 9월 9일에 엄숙하면서도 즐거운 마음으로 초석을 놓았다. 건축가는 일본인이었는데, 비용은 8,048달러 29센트가 들었고, 1897년 10월 3일 입당하였으며, 이 글을 쓰고 있는 시간(1912년)에도 그곳은 천 명이 넘는 경건한 사람들이 모여 있는, 말하자면 근면한 영들의 벌집이다. 영혼의 승리자로서의 아펜젤러가 일하는 장소인 그곳은 훌륭한 기념비처럼 한국 기독교 역사 속에 우뚝 서 있다."(그리피스)

한국에서 처음으로 지어진 이 외국 양식 교회의 전체적인 모습에 대해 알렌박사는 이렇게 기록하였다.

"그(아펜젤러)는 미국 공사관 건너편에 적당한 교회 건물을 짓는 일을 하기로 마음먹었다. 그는 이 일에 성공하였다. 모퉁이에 작은 탑이 있고 일반

민가같이 생긴 이 멋진 벽돌 건물은 외국인 지역에 발전된 모습을 더해 준 굉장한 것이었다. 이것은 감리교 학교(배재)의 멋진 벽돌 건물, 그리고 미국 공사관 반대편 언덕 위에 솟아 있는 감리교 출판소처럼 이 사람의 열정어린 노력과 지칠 줄 모르는 추진력을 기념하는 하나의 비석처럼 우뚝 서 있다."

정동제일교회 약사

1885. 4. 5	아펜젤러 목사 한국 최초의 개신교 선교사로 제물포에 도착
1885. 7. 29	아펜젤러 목사가 정동에 목사관을 마련하고 선교 활동 시작
1885. 8. 3	아펜젤러 목사가 목사관에서 영어 교육을 시작(배재학당으로 발전)
1885. 10. 11	아펜젤러 목사의 집례로 한국 개신교 최초의 성찬식 거행(정동제일교회 창립일)
1887. 7. 24	아펜젤러 목사가 한국 감리교 최초의 세례식 거행(세례자 : 박중식)
1887. 10. 16	아펜젤러 목사가 한국 개신교회 최초로 여성에게 세례식 거행(세례자 : 최 씨 부인)
1888. 1.	한국 개신교 최초의 여성 주일학교 시작
1888. 3. 11	한국 개신교 최초의 남성 주일학교 시작
1889. 2. 12	한국 개신교 최초의 여선교회(속회) 조직
1889. 12. 7	한국 감리교 최초의 계삭회(구역회) 조직
1895. 9. 9	정동제일교회 예배당(현 벧엘예배당) 정초식 거행
1897. 12. 26	벧엘예배당(한국 개신교 최초의 서양식 예배당) 봉헌예배(현 문화재사적 256호)

1900. 11. 11   한국 감리교 최초의 보호여회(여선교회로 발전) 조직

1903.   제4대 최병헌 담임목사 부임

정동제일교회 최초의 한국인 담임목사인 탁사(濯斯) 최병헌 목사는 1858년 충북 제천에서 출행하여 1888년 아펜젤러 목사를 통해 기독교를 소개받은 후 1893년 세례를 받고 목회자의 길을 택하였다. 1902~1913년 정동제일교회에서 시무하고, 1914년에는 한국인 최초의 감리사로 피택되었다. 1922년 은퇴 후 감리교신학교에서 비교종교학 교수 등을 역임하고, 1927년 70세에 하나님의 부르심을 받았다.

벧엘예배당의 역사

한국 개신교 예배당으로서 가장 오랜 역사를 가진 벧엘예배당은 문화재사적 256호로, 한국 기독교의 역사를 그 품에 안고 있다. 이 예배당은 문화재로서의 가치가 있을 뿐만 아니라, 하나님의 영광을 상징하는 한국 최초의 빅토리아식 고딕 양식의 붉은 벽돌 서양 건축물로, 설립 당시에는 장안의 명물로 구경하는 이들이 줄을 지어 장사진을 이루기도 했다. 1895년 1월 감리교 연회는 500명을 수용할 수 있는 제일감리교회를 정동에 건축하기로 결의하고, 한국 최초의 감리교 선교사이자 정동제일교회 초대 목사인 헨리 G. 아펜젤러에게 위임하였다. 1897년 신축된 예배당은 500명을 수용할 수 있었는데, 1920년대에 교인이 천 명 이상으로 늘어나 증축하였다. 그 후 한국전쟁으로 유실되어 1953년에 복구하였고, 1987년에는 화재가 일어나 또다시 복구하였다. 2001년 대보수 작업을 하여 2002년 3월 31일 부활절에 재 봉헌을 하였다. 강대상은 한국 개신교 최초의 것으로

일본 요코하마에서 만들었는데, 이후 한국 개신교 모든 교회가 같은 형태로 제작하여 사용하였다. 창틀은 빅토리아식 건축물의 극치로 하나님의 영광을 상징하며, 오크목(서양참나무)으로 만든 한국 최초의 것이다.

또한 예배당에 설치한 파이프오르간 역시 한국 최초의 것으로, 하란사 여사의 모금 운동으로 마련되었고, 당시 동양에 세 대밖에 없었다.

이 파이프오르간을 중심으로 찬양대가 구성되어 많은 음악가(김애식, 김인식, 김자경, 김영의, 이흥렬, 황재황, 현제명, 황재경 등)들이 배출되어 현대음악 발전에 공헌을 하였다.

"100달러를 보내 주십시오."

예수 그리스도는 어제나 오늘이나 영원토록 동일하시며, 만왕의 왕이요 주인이시다(히 13:8). 은도 금도 다 주님의 것이다(학 2:8). 땅과 거기에 충만한 것과 세계와 그 가운데에 사는 자들은 다 여호와의 것이다.(시 24:1)

그러나 선교의 사령관이신 주님의 지상명령(마 28:18~20)에 순종하는 삶을 사는 선교사들에게 다가오는 최고의 압박과 고통은 뭐니 뭐니 해도 선교비 문제다.

이는 아마도 그 옛날 헌신을 다한 불멸의 선교사 아펜젤러의 기도 제목이었고, 이제 선교의 빚을 갚기 위해 전 세계에 파송된 2만 한국 선교사들의 공통된 기도 제목이라고 생각할 때, 참으로 안타까울 뿐이다.

아펜젤러 선교사가 아버지에게 보낸 편지 전문을 소개한다.(1896. 6. 3)

아버님 전상서

오랫동안 글을 올리지 못한 것 같습니다. 그러나 매달 〈코리언 리포지토리〉(The Korean Repository)를 받아 보실 테니까 제가 제 직분에 있다는 것을 아실 것입니다. 공동 편집자인 존스 씨는 미국위문협회(U.S.O)에 있으며, 모든 일을 내게 맡겼습니다. 우리가 왕비의 죽음에 대해 매우 흥미로운 기사를 실었다는 것을 아시게 될 것이며, 동양출판사(the Eastern Press)가 우리가 말한 바를 인식하고 있음을 볼 수 있을 것입니다.

우리는 여전히 국왕과 이웃하고 있습니다. 국왕이 다섯 명의 어린이의 알현을 받았다는 단편기사는 아버님께 매우 흥미로웠을 줄 압니다. 아버님께도 아장아장 걷는 세 명의 아기를 포함하여 손자가 네 명이나 있으니 말입니다. 어린이들은 매우 즐거워했습니다.

우리는 앨리스를 중국에 있는 학교로 보냈습니다. 아내 혼자서 소녀가 된 앨리스를 가르치기가 힘들고, 또 한 달 후 우리가 뒤따라갈 것으로 희망하기 때문에 그를 먼저 보내는 것이 현명하다고 생각했습니다. 믿을 수 있는 부인이 그 애를 맡아 줄 것입니다. 하지만 저는 네 명 중 하나가 그렇게 큰일을 당해낼 줄을 몰랐습니다. 이번 주에 앨리스가 보낸 편지를 받았는데, 학교를 좋아한다고 했으며 어머니와 형제자매들을 만나고 싶다고 했습니다.

교회의 신축 공사는 잘 진행되고 있습니다. 벽은 거의 창 높이까지 쌓아져 건물의 윤곽을 알아볼 수 있게 되었습니다. 저는 지금 서울에서 천주교 성당 다음으로 가장 아름다운 건물을 짓고 있습니다.

교회 기금으로 조선인들에게 처음 12개월간 770,000전을 모았는데, 예상하기로는 500,000전이었습니다. 랭커스터 교회에 제가 보낸 몇 통의 편지에 대한 답장으로 205달러를 받았습니다. 나다(Nadaworth) 형제는 자원

해서 50.20달러를 보냈습니다. 이미 금화 150달러를 교회 비용으로 지불했지만, 부족하며 건물이 완성될 때까지는 더 많은 돈이 필요합니다.

우리 가족이 어떤 방법으로든 저의 수고를 알고 100달러를 채워서 보내주었으면 합니다. 제 봉급은 200달러로 줄었습니다. 저희 가족은 앨리스와 함께 건축에 참여하는 모든 사람의 공로를 알고 있습니다. 제 도움 요청에 집으로부터 아무런 반응이 없는 것에 실망을 금할 수가 없습니다. 하나님께서 제게 주신 이 위대한 사업과 은혜를 아버지께서 매우 기쁘게 여기시고 물질적인 도움을 주실 것으로 생각하면서 우리 '가족의 프라이드'에 기대했었습니다. 그런데 제가 특별히 제안한 사업에 대해 직계가족의 실제적인 관심을 불러일으키지 못한 것은 저의 선교 일생에서 경험한 실망 중의 하나입니다.

저는 학교 설립 인가를 받아 현재 서울에서 가장 크고 또 아마도 가장 영향력 있는 학교를 운영하고 있습니다. 학교 일은 더 늘어날 것이며, 저는 더이상 여유가 없습니다. 아버지께서 한 번만, 바로 지금 도와주시지 않겠습니까? 앞으로 다른 것 때문에 아버지를 성가시게 하지는 않겠습니다. 저 자신의 몸을 위해서는 아무것도 원하지 않습니다. 저는 200달러 이하를 받아도 생활해 나갈 수 있습니다. 그러나 저는 겨울이 오기 전에 새 교회에 들어가야만 하고, 또 이것을 위해서는 더 많은 돈이 필요합니다. 100달러를 도와주십시오. 저는 지금 누군가 꼭 져야 할 무거운 짐을 지고 있으며, 아버님의 관대함에 마지막으로 청을 드리는 것입니다.

"저희 부친께서 아끼지 않으시고 이 고귀한 목적에 사용하라고 보내 주셨습니다." 이렇게 말하고 싶습니다. 이번에는 거절하지 마십시오. 제게 설교할 설교단과 강대상을 사 주십시오. 지붕을 덮거나 벽에 회칠을 할 수 있게 도와주십시오. 아버지와 어머니의 이름으로 100달러를 도와주시되, 뉴욕 5번가 150번지 레오나드(A. B. Leonard) 목사에게 보내시면 그가 저에게 보내 줄 것입니다. 이것은 저뿐만 아니라 엘라와 아버님의 손자들을 기쁘게 할 것입니다. 야곱(Jacob)은 혼자 있고, 늘 겪는 곤경 가운데 있으며, 그의 기질은 여전합니다. 그에게 다시 요청할 수는 없습니다. 나머지 가족들도 마찬가지입니다.

글을 맺습니다. 하나님의 풍성한 축복이 아버님께, 그리고 우리 모두에게 임하기를 진심으로 빕니다.

사랑하는 아들 헨리 올림

처음으로 조선에 기독교 서적을 판매하는 서점을 열다

1894년 5월 4일 비록 작은 규모이지만 외국 서적을 팔게 되었다. 이로써 새로운 빛이 조선의 온 땅에 퍼지게 된 것이다. 이때 거리를 가득 메운 "외국인을 죽여라. 만일 그냥 지나가게 해주는 사람은 조국의 배반자다."라는 살벌한 외침과 "우리 모두는 한 분의 아버지를 갖고 있습니다."라는 메시지 사이에는 얼마나 큰 차이가 있는지, 아펜젤러는 통탄하였다. 그는 당시 중국과 조선을 드나들며 선교 활동을 하였고, 조선의 인쇄 출판 등 문서 운동에 큰 공헌을 남긴 올링거 목사를 찾아냈다. 이어서 인쇄소 설비를 확장하고 제본소를 증설하면서 조선에 지식을 전파하고 조선의 지성인들을 계몽할 수 있는 수단을 강구해 나갔다. 그 결과로 감리교회 삼문출판사가 세워짐으로 후일 각종 월간지나 잡지 등 인쇄물이 출간되었다. 이곳에서 나온 월간지는 조선의 어두움을 일소하는 데 크게 기여하게 되었다.

그 당시 자만심이 충천했던 유럽인들이나 미국인들은 사실상 소수의 사람들을 제외하고는 조선이 이 지구상 어디에 있는지조차 몰랐다. 심지어 1,200만 명의 조선인들도 자신들의 나라가 독자적인 문명을 가졌다는 사실을 모르고 있었다. 이 시대에 출간되었던 잡지, 특히 〈코리언 리포지토리〉에서 아펜젤러는 편집인을 맡고 있었는데, 대부분의 논설도 그가 썼다. 그의 논조는 명쾌하고 솔직하여 많은 사람들의 관심을 받았고 인기도 높았다.

그는 또 사설을 쓰고, 편집자 칼럼도 손수 책임을 졌다. 정열과 재치에 찬 본보기 글들이었다. 부패와 잘못된 방향으로 곪아 터진 정부는 좀 더 정직하고 현실적인 개혁과 모든 사람에게 도움이 되는 건설적인 정부로의 탈바꿈을 꺼렸기 때문에 주한 미국 공사를 통하여 미국인의 자유를 제한해 줄 것을 요청해 왔다. 그러나 조금도 흐트러지지 않는 강한 의지를 지닌 아펜젤러는 그럴수록 더욱 불 켜진 촛불을 확고히 붙들었다. 그는 조선의 지성인들을 일깨우기 위해 격조 높은 논설과 칼럼을 꾸준히 써 나갔다. 아펜젤러는 조선의 사회 문화에 관한 연구를 시작하였다.

동료와 모든 사람을 사랑한 사람

그는 각 사람의 영혼에 있는 선함을 볼 줄 아는 사람으로서, 검은 양이든 갈색 양이든 흰색 양이든 도움을 필요로 하는 양이라면 누구에게나 달려가 돌보는 것을 기쁨으로 여겼다. "각 민족은 다른 어떤 것이기 이전에 순수한 인간이다."라고 주장하며, 영적인 지도자로서 순박하고 밝은 것이라면 무엇이든 증진시켜 나갔다. 아펜젤러는 어디까지나 그리스도인이요 미국인이었을 뿐만 아니라 신실하게 주 하나님을 따르는 사람으로, 양심에 있어서 세계 시민이어야 한다고 생각하였고 실제로 그러했다. 낯선 나라의 나그네로서 그는 각기 다른 이념과 신념을 가진 남녀가 어디까지나 신사와 숙녀의 입장에서 만나 그 만남을 즐길 뿐 아니라 선함을 유지하고 보다 나은 것을 추구하도록 서로를 자극하는 사회적 일치의 필요성을 느꼈다. 그러므로 진정한 그리스도의 일꾼들은 소명 받은 직업에서의 활동뿐 아니라 취미 활동도 해야 함은 당연한 일이다. 그는 이런 휴식(recreation)이 문자 그대로 재창조임을 잘 알고 있었다.

그래서 아펜젤러는 '서울사교연합회(Seoul Social Union)'를 주도하여 만들었는데, 여기에는 테니스를 비롯한 야외 운동을 위한 시설뿐 아니라 차를 마시고 담소를 나눌 수 있는 공간도 있었으며, 각종 잡지를 꽂아 놓은 도서실도 있었다. 선교사들이라고 언제나 무릎 꿇고 기도만 할 것이 아니라 놀이와 운동 등 다채로운 생활로 건강한 심신을 만들어야 함을 보여 준 것이다.

확실하게 마음을 바꾸지 않는 사람은 하늘이 무너진다 해도 실제로는 상식을 버리지 않는다. 그래서 건전한 사람이라면 지식의 힘을 보존하는 지혜가 가장 훌륭한 지혜인 것이다.

한편 1897년 8월 13일 독립운동단체인 독립협회가 설립되었는데, 아펜젤러는 이 역사적인 날에 그 모임에서 명연설을 하였다. 그는 미국에서 돌아온 서재필 박사와도 각별한 인연을 맺고 있을 뿐만 아니라, 한말(韓末)의 신식 민주화 운동에도 깊은 관심이 있었다.

다양한 곳에서 다양한 일들을 했다

처음 조선에 왔을 때 그는 학교 건립자였고, 자신의 교회인 선교회의 감리사였으며, 기독교 신문의 편집장이었다. 교회연합서적회사의 회장이었고, 인쇄 출판사를 만든 사람이었으며, 제본소와 서점의 운영자였다. 또한 아시아학회의 사서였고, 외국인묘지협회의 회계였다. 그리고 보다 훌륭한 인간을 만드는 것이라면 무엇이든지 촉진시키려고 했던 사람이었다. 한 마디로 문명 모임의 지도자였으며, 항상 선두에 서서 조선에서의 외국인들의 이익을 위해서도 수많은 일을 한 사람들 중 하나였다. 이뿐만 아니라 하나님의 복음의 설교자와 성서 번역가로서도 탁월한 능력을 보여 주었다. 여행을 할 때, 집에 있을 때, 학교에 있을 때, 길거리에 있을 때, 번역을 할 때와 외국인과 함께 있을 때, 조선 사람과 함께 있을 때 아펜젤러는 누구에게나 좋은 편이 될 수 있었다. 그가 함께한 곳에는 재미와 즐거움이 있었으며, 서슴없는 동지애가 있었다. 그는 그리스도의 사랑을 실천에 옮기려 했던 참다운 목회자였다.

세상에 있던 마지막 날 밤에도 그는 배에서 미국인 광산업자와 따뜻한 우정을 나누었다. 그를 한 번이라도 만났던 사람은 그의 온화한 미소를 잊지 못하였다. 열심히 일하고, 약속을 철저히 지키고, 의무를 다하는 것이 그에게는 모두 필수적인 것이었다. 그는 항상 솔선하여 모든 일에 모범을 보였으며, 남에게도 그렇게 살아가도록 권하였다.

8. 어청도 앞바다에서 순직

2차 휴가를 마치고 조선으로 돌아오다

조선에 돌아온 아펜젤러 앞에 산더미처럼 많은 일들이 기다리고 있었다. 조선의 선교 지역이 차츰 넓어져 감에 따라 미 선교본부는 조선 선교회를 남부지역과 북부지역으로 나누었다. 그리고 확장되어 가는 남부지역을 다시 서부지역과 남부지역으로 나누어 세 지역이 되었다. 미국 감리교회는 1901년과 1902년에 3명의 감리사를 임명하였다. 먼저 조선서지방회가 1901년 11월 1일에 제물포 웨슬리교회에서 조직되어 존스 목사를 감리사로 임명하였고, 조선북지방회는 1901년 12월 1일에 평양 남산현교회에서 조직되어 감리사로 노블 목사를 추대하였다. 그리고 조선남지방회가 정동 벧엘예배당에서 1902년 5월 1일에 조직되고, 감리사에 스크랜튼 목사가 임명되었다. 아펜젤러는 1902년 5월에 조선남지방 감리사로 선정

파송되었다.

미국 감리교회는 외국에 있는 지부를 감독하는 데 세심한 주의를 기울였기 때문에 아펜젤러가 봉사하던 기간에도 10명이 넘는 감독들이 조선을 다녀갔다. 아펜젤러는 교회의 봉사자들을 항상 따뜻하게 영접하였으며, 자신의 집에서 극진히 대접하였다.

조선 선교가 조선인 목사들을 배출하면서 확장되다

이때 조선 선교회는 미국 감리교회 중국북부연회에 속하여 있었다. 1901년 봄 제17회 조선 선교회에서 무어 감독은 신학 과정 4년을 마친 4명 중에서 2명의 본처 전도사를 집사 목사로 안수하여 교회에서 봉사토록 하였다. 그 중 한 사람으로 노블 선교사가 주관하며 추천한 평양 남산현교회 김창식은 한때 평양에서 옥살이를 하고 고문까지 당한 적이 있었다. 그의 그칠 줄 모르는 선교 활동에 사람들은 큰 감명을 받았다. 또 다른 사람은 존스 선교사가 주재하며 추천한 제물포 웨슬리교회 출신 김기범이었다. 그는 제물포에서 새로운 영적 생활을 시작하여 크게 발전시킨 사람이다.

이 두 사람은 1901년 5월 14일 서울 달성(상동)교회에서 조선 최초의 목사로 안수를 받았다.

1902년 기독교인 등록 상황을 보면, 처음 세례자가 생긴 이래 15년 만에 놀랄 만큼 성장하였다. 하나님이 이루어 주신 일들을 요약하면 다음과 같았다. 3개 지방에 3명의 감리사가 있었고, 1,296명의 정교인들과 4,559명의 준교인, 14명의 주재 전도사들, 그리고 47개의 주일학교와 교회가 있었다. 또 조선 기독교인들의 헌금은 금화로 1,600달러에 달했는데, 이것은 미국 돈 1만 달러와 맞먹는 액수였다.

1년 전인 1901년 5월에 아펜젤러가 담임하는 정동교회에서 집사목사 안수 추천을 받은 최병헌 전도사는 김창식 김기범 전도사와 함께 목사 안수를 받을 수 있었다. 그러나 담임목사인 아펜젤러가 조선 선교회로부터 미국 본토로 돌아가 조선의 신학교 설립을 위한 활동을 하라는 위임을 받아 미국에 가 있던 차였다. 뿐만 아니라 최병헌 전도사 자신은 부친상을 당하였기에 안수를 받지 않았다. 결국 미국에서 돌아온 아펜젤러는 1902년 5월, 평양 남산현교회에서 열린 제18회 조선 선교회에서 최병헌 전도사가 목사 안수를 받을 때 함께하였다. 처음에는 김창식 김기범 최병헌 이은승이 신학회 4년 과정을 모두 마치고 함께 목사 안수를 받을 준비를 하였으며 구역회에서 추천을 받았다. 그런데 결국 그 시기가 각각 달라졌다. 이은승은 최병헌이 안수를 받은 다음해인 1903년 제19회 조선 선교회에서 안수를 받았다. 그는 1901년 달성교회에서 스크랜튼의 구역 추천을 받았다가 아펜젤러 순직 1년 후에 안수를 받게 된 것이다.

일본인 철도 노동자들에게 폭행당하다

6월 1일 주일 무어 감독과 아펜젤러는 아펜젤러의 담당 구역인 경기도 시흥 무지내라는 마을의 한 교회 봉헌식 예배를 주관하러 가게 되었다. 모임에는 스웨어러 목사, 멜빈 양, 무어 양이 있었다.

서울에서 예배가 끝난 후 교회를 나올 때 여자들과 감독은 인력거를, 스웨어러와 아펜젤러는 자전거를 탔다.

무지내교회는 돌이 아니라 나무와 흙 등으로 지은 건물이었다. 끝없이 뻗어 있는 산을 배경으로 수십 명이 겨우 앉을 수 있는 조촐한 건물로, 수수대와 진흙으로 울타리를 하였다. 예배당 앞 우람한 대문을 들어서면 푸른 잎들이 드리워져 있고, 그 옆에 선 장대 꼭대기엔 흰 바탕에 붉은 십자가가 그려진 교회 깃발이 나부끼고, 그 밑에는 조선의 태극기가 펄럭이고 있었다. 그리고 예배당 바로 옆에는 목사와 그 가족이 기거하는 자그마한 목사관이 있었다.

이번 주일에는 봉헌 예배를 드리러 오는 미국인 친구들을 환영하기 위해 수백 명의 마을 사람들이 아이들을 이끌고 모여들었다. 그런데 오기로 했던 외국인 손님들이 오지 않아 사람들이 모두 되돌아가는 일이 생기고 말았다. 이때 일어났던 일에 대해서는 후일 〈코리아 리뷰〉 1902년 6월호에 충분히 설명되어 있다.

"아펜젤러가 폭행을 당하는 사건이 발생했다. 6월 1일 무지내 마을로 가는 길에서 벌어진 일이었다. 그들이 가는 길에는 서울과 부산 간 철도의 둑과 도로가 교차하는 지점이 두 번 있다. 일행이 그 첫 번째 교차점에 도착했을 때, 아펜젤러와 그의 통역자 문경오를 제외하고는 모두 정식 도로로 걸어가고 있었다. 약간 뒤져 있던 이 두 사람이 철도 둑을 따라 100야드(약 91m)가량 걸어갔을 때였다. 주변에는 접근하면 안 된다는 경고 표지판도 없었다. 일행이 두 번째 교차로를 통과했으며, 아펜젤러와 그의 조선인 친구는 지름길 거의 끝에 도착했을 무렵이었다.

근처 야영지에서 일본인 노동자 한 사람이 달려왔다. 그는 감독이 타고 있던 인력거를 막고서 가지 못하게 하였다. 앞서 가던 스웨어러가 무슨 일인지 알아보고 돌아왔다. 그제야 통행금지 구역을 걷고 있었다는 사실을 알게 되었다. 아펜젤러는 고의가 아니었음을 설명하고 앞으로는 주의할 테니 자신들을 더 이상 막지 말아 달라고 부탁하였다. 정식으로 사과하며 일을 원만히 해결하려고 시도한 것이다. 그러나 무지막지한 그 노동자는 그들 일행을 놓아 주지 않았다. 그 일본인과는 말도 잘 통하지 않고, 예배 시간은 점점 다가오는데 길이 막혀 아무것도 할 수 없게 되자 마음이 다급해졌다. 이때 무어 감독은 말로는 통하지 않는 그 노동자의 손목을 한 대 내리쳤다. 그러자 그는 흥분했고 동료들까지 달려와 난동을 부리기 시작했다. 무어 감독 앞에서 가로막고 있던 아펜젤러는 그들에게 폭행을 당하면서 쓰러졌다."

후에 헌트사가 주관하는 〈코리아 리뷰〉 지는 이 사건에 대해 자세히 다루면서, 아무런 악의가 없는 시민으로서 도로에서 반쯤 벗은 노동자들에게 무한정 당할 수만은 없었으므로 무어 감독의 처사는 부득이한 일이었다고 설명하였다. 만약 중국에서 이런 일이 벌어졌다면 아무런 문제없이 그냥 지나갈 수 있었을 것이라고 하였다. 왜냐하면 중국인들은 외국인들과의 이런 일에 익숙하기 때문이었다. 그러나 일본인은 중국인과는 달랐다. 가볍게 한 번 경고조로 친 것이지만 그것만으로도 그들은 선전포고로 받아들여 대항한 것이다.

이 사건의 내용을 굳이 설명하자면 이렇다. 무어 감독과 일본인 노동자들 간에 시비가 벌어지자 그들은 언덕 바로 너머 야영지에 있는 동료들을 향해 비명을 지르며 뛰어가더니 주먹만한 돌을 던져왔다. 그러나 다행히 감독은 큰 상해를 입지 않았다. 아펜젤러와 스웨어러, 그리고 조선 사람 문 씨는 감독을 보호하기 위해 막아섰다. 그때 두 명의 노동자들이 곤봉을 들고 달려왔고, 아펜젤러는 크게 맞고 제일 먼저 쓰러졌다. 겨우 일어선 아펜젤러는 스웨어러와 함께 재빨리 길 아래쪽으로 피했다.

그런데 일본인 노동자 하나가 다시 쫓아와 가까이에 있던 장작더미로 달려가더니 하나를 집어 들었다. 스웨어러가 주위를 살펴보고 있는 동안, 아펜젤러는 그 흉한 무기에 이마를 얻어맞고 피를 흘리며 쓰러졌다. 살갗

이 떨어지고 눈에까지 깊은 상처를 입었다. 일행은 피투성이가 된 채 일본인에게 당하고 있는 그의 모습을 보고 크게 놀라 어쩔 줄을 몰랐다. 그제야 정신을 차린 일본인 노동자들은 일을 잘못 저질렀다는 사실을 깨닫고는 달아났다.

미국 감리교회 일행은 근처 물가로 가서 피를 씻고, 치료를 받기 위해 서울로 향하였다. 하지만 후일 사진을 통해서도 드러났듯이, 아펜젤러는 여전히 조선에 남아 선을 베풀겠다는 결연한 의지에 차 있었다. 이런 불미스러운 일에도 도량이 넓은 감독은 이 무지한 노동자들로 인한 나쁜 감정은 나타내지 않았다.

이 사실이 주한 미국 공사관에 알려지자 알렌 공사는 즉시 조치를 취하여, 일본인 노동자들을 체포하여 재판을 받게 하였다. 세 명의 노동자들 중에 두 명에게는 2개월의 수감형이 선고되었고, 나머지 한 명은 중노동 1개월에 수감형을 받았다. 아펜젤러는 재판에서 피해자로서 증언을 해야 했기에 예정되어 있던 성서번역위원회에 늦게 참여하게 되었다. 이 모임은 남장로교회 선교가 번창했던 조선의 남부지역인 목포에서 6월 첫째 주간에 열렸다.

어청도 앞바다에서 순직하다

결국 아펜젤러는 언더우드 목사 부부, 게일 목사와 함께 타려 했던 배를 타지 못하고, 1902년 6월 11일에 따로 떠나기로 하였다. 일본 오사카 선박회사 소속 558톤급 기선 구마가와마루호의 침대 방을 예약해 놓았다. 이 배의 1등실에는 조선 운산에 있다가 건강이 나빠져 고향 인디애나 주로 돌아가는 미국인 광산 기술자 보울비와 두세 사람의 일본인이 있었다.

아펜젤러는 조사 겸 조선말 교사인 조한규와 미국인 도티가 교장으로 있는 정신여고에 다니다가 방학을 맞아 목포에 있는 집으로 내려가는 한 여학생과 동행하였다. 당시 제물포를 떠나 목포로 가는 배는 1주일에 두 번 있었는데, 조선 사람과 일본인이 선원으로 있는 약 4톤에서 700톤에 이르는 기선들이었다.

선장은 다리를 꼬고 앉아 책을 읽고 있었다. 항해 시간은 2시간이 넘지 않을 것이라고 하였다. 아펜젤러는 세상의 많은 것들을 보고 싶었다. 넘실거리는 파도를 보고 무한한 날개를 펴고 싶었다. 얼마 후면 이 죽음과 같은 바다를 건너 생명과 활기가 넘쳐흐르는 곳에 닿게 되리라는 생각에 그의 마음은 약동하기 시작하였다. 그리고 여태껏 수많은 나날 동안 겪어온 힘겨운 노고에 대한 보람이 있을 것이라고 믿고 깊은 생각에 젖어 들었다.

알렌 주한 미국 공사는 그날 밤 아펜젤러가 바다에서 조난당했다는 슬픈 소식을 접하였는데, 그는 그날의 일을 이렇게 기록하였다.

"나는 조선어로 된 것을 녹음하기 위해 아펜젤러에게 주기도문을 조선말로 반복해서 외워 달라고 부탁하였다. 나는 그가 번역한 바로 그 언어들을 그의 훌륭한 목소리와 함께 담아 놓을 수가 있었다. 나는 이 녹음을 고국에 가져가 미망인에게 보내 주었다." "아펜젤러는 반도 남쪽으로 가는 기선을 타기 전날 밤, 제물포에 있는 여름 별장에서 우리와 함께 지냈다. 그가 처음 서울에 온 그때(1885년)에도 그들 부부는 우리 집 손님이었다. 그런데 조선에서의 마지막도 같았다는 것은 참으로 신기한 우연이다."

아펜젤러, 그의 비운의 순간은 이렇게 처절하고 조용하게 끝났다. 다음은 그가 사망한 후 〈선구자〉라는 책자에 실린 글이다.

"날은 점점 어두워지고 바다는 잠잠했다. 스크루(screw) 돌아가는 소리만이 계속 들려왔다. 그는 아래로 내려가 잠자리에 들려고 하였다. 그때 갑자기 삐걱거리는 커다란 소리와 함께 쇠가 갈라지고 나무가 쪼개지는 소리가 났다. 그러고는 곧 섬뜩한 정적이 흘렀다. 그 얼마 안 되는 시간 동안 긴 꼬리를 남기며 그들의 마음을 스쳐간 섬광을 어느 누가 제대로 표현할 수 있겠는가? 갑판 위에서는 광란의 아우성이 터져 나왔고, 미친 듯이 날뛰는 발자국 소리들이 들렸다. 같은 회사 같은 항로의 675톤 기선 기소가와마루호가 아펜젤러가 탄 배를 들이받은 것이었다.

그날 밤 누군가의 잘못 때문에 그들이 탄 배는 깊은 바다 속으로 가라앉았다. 도움을 줄 손길도, 잡을 줄도 없었다. 얼굴에는 그림자 하나 없고, 삶은 감사와 기쁨으로 넘쳤으며, 누구보다도 희망으로 가득 차 있던 이 사람 밑에서 땅과 지주가 무너져 내리고 있었다. 완전히 뒤집힌 이 비운의 기선은 물결을 일으키며 점점 가라앉아 이윽고 잠잠해졌다.

하루 이틀 뒤 윌리스와 맥키체렌이 검진을 하고 있을 때, 우편배달부가 전보를 들고 황급히 뛰어왔다. '황해에서 파선, 포스터 실종.' 포스터(아펜젤러)가 사라지자 서울에서의 모든 일의 상황이 바뀌어 맥키체렌은 곧 떠나야 했다. 할 일은 점점 늘어만 가는데, 그들은 가장 훌륭한 일꾼을 잃은 것이었다."

아펜젤러와 함께 승선했던 보울비의 증언

아펜젤러의 죽음에 관해 가장 자세하고 정확하게 알려 주는 것은, 그날 밤 한 배에 탔다가 구사일생으로 살아남은 보울비의 증언이다. 〈코리아 리뷰〉지는 그의 증언을 토대로 그날의 일을 이렇게 기록하였다.

"그날 밤 10시쯤 그와 아펜젤러는 담소를 나누면서 차와 비스킷으로 가벼운 저녁식사를 마친 뒤 객실로 가서 잠자리에 들었다. 보울비는 옷을 벗고 침대에 들었지만 잠이 들지는 않았다. 그의 객실은 아펜젤러의 객실 바로 맞은편에 있었기 때문에 그는 아펜젤러가 방에서 책을 읽고 있는 모습을 볼 수 있었다. 배는 기적소리 하나 내지 않으면서 순조로운 항해를 하는 듯하였다. 그런데 엷은 안개가 모여들더니만 곧 짙은 안개로 변하였다. 조수(潮水)는 갑작스럽게 30피트나 올라갔지만 바다는 평온하였다. 그곳의 수심은 150피트(약 45m) 정도 되었다. 멀지 않은 곳에 요새도라는 작은 섬이 있고, 군산으로 들어가는 길목 가까이에 있었다. 한 마디로 그곳은 프랑스 순양함 글로와트호와 빅토리우즈호가 난파당한 곳에서 그리 멀지 않은 지점이었다.

분명히 아무런 예고도 없이 엄청난 충돌이 일어났으며, 그 때문에 보울비는 바닥에 쓰러졌다. 뱃머리로부터 20피트(약 6m)쯤 떨어진 곳에 있던 기소가와마루호가 보울비가 탄 구마가와마루호를 들이받은 것이다. 배는 곧 침수하기 시작했다. '이게 무슨 소리야?' 하고 아펜젤러가 소리쳤다. 충돌 후 90초를 지나 보울비는 대강 옷을 걸쳐 입고 계단을 향해 나갔는데, 그때 아펜젤러는 그의 방 위로 올라가고 있었다. 동행한 두 명의 조선 사람이 있는 곳으로 가는 듯이 보였다.

갑판의 앞부분은 이미 침수되었고, 선미(船尾)는 물 바깥으로 높이 솟아 있었다. 이때 아펜젤러는 매우 흥분하여 뛰어다니고 있었지만, 배에서 피신하려는 것 같지는 않았다. 보울비는 배 끝으로 달음질쳐서 난간에 올라갔다. 배가 가라앉을 때 그는 아펜젤러가 허리까지 물이 찬 채 무언가 잡아 보려고 계속 헛손질을 하는 것을 보았다. 배는 이미 45도 각도로 침몰하고 있었다.

보울비가 차고 있던 시계는 10시 30분에 멈춰 있었다. 그러므로 불과 몇

분 만에 모든 일이 일어난 것이었다.

　지금 그의 생각으로는, 그가 15피트쯤 물속에 가라앉았을 때 보일러 폭발로 인한 충격을 느꼈던 것 같다고 한다. 수준급 수영선수였던 보울비도 수면으로 올라오는 동안 자주 소용돌이에 휩쓸렸고, 한 번은 나무에 부딪히기도 했다. 가까스로 수면으로 올라온 그는 100야드(약 91m) 정도 떨어진 곳에서 기소가와마루호의 불빛을 볼 수 있었다. 구조를 요청하는 울부짖음이 메아리쳤다. 그는 가까이에 떠다니는 구명정을 잡고 있다가 기소가와호에서 보낸 구조보트에 의해 구조되었는데, 그때까지 약 45분을 물에 떠 있었다.

　배는 다른 생존자들을 찾아내려고 애쓰면서, 계속 난파된 장소까지 다가왔다. 다음날 오후 1시가 되어 여기저기 흩어진 난파선 잔해들 속에서 두 구의 조선 사람 시체밖에 찾아내지 못하자, 배는 북쪽으로 85마일(약 137km) 떨어진 제물포를 향해 떠났다.

　구마가와마루호의 침몰로 아펜젤러 외에도 일본인 승객 4명, 조선인 승객 14명, 선원 4명이 사망하거나 실종되었다. 단 1명의 생명이라도 더 구하려는 마음으로 15시간 동안이나 구조 작업을 폈다. 보울비는 구마가와호의 침몰로 자신의 생명 외에는 모든 것을 잃었다. 이 소식이 전보를 통해 그가 일하던 운산 탄광에 알려지자 미국인 동료들은 3백 달러의 금화를 모금하여 그에게 전하였고, 이것으로 그는 10일 후인 16일에 미국을 향해 떠날 수 있었다.”

　아펜젤러가 탄 배가 난파당한 그때의 긴박했던 정황을 더듬어 본다. 그는 그날 밤 사고가 난 시간에 옷도 입고 있었으면서 어째서 갑판으로 올라가지 않고 생명이 걸려 있는 황금 같은 2분을 놓쳐 버렸을까? 사고 직후 세간에는 동정어린 의아심들이 가득했다. 그것은 오직 그의 희생정신으로 충분히 설명할 수 있을 것이다.

그가 생명을 잃은 것은 자신의 생명이나 안전을 돌보지 않고, 수행했던 조선 사람 비서와 자신의 보호 아래 있는 조선 소녀를 깨우기 위해 그들에게 갔기 때문이다. "사람이 친구를 위하여 자기 목숨을 버리면 이보다 더 큰 사랑이 없나니(요 15:13)"에 그 진실이 있었다. 이 비보는 전보를 통해 뉴욕에도 알려졌다. 그러나 선교본부에서 일하는 사람들은 그가 해안에 도착했다는 소식이 곧 올 것이라고 믿으면서 그 소식을 아펜젤러 가족에게 알리지 않은 채 7일 동안을 희망 속에서 기다렸다. 그러나 기다리던 소식은 들려오지 않았다.

아펜젤러가 그렇게도 애써 아름답게 표현했던 설교를 더 이상 들을 수 없게 되었다. 조선 땅의 흙으로 세워진 무덤은 어디서도 찾아볼 수 없게 되었다. 아펜젤러는 이제 영원히 잠들었다. 영혼을 품에 안고 천국에 들어간 것이다. 선교사들은 소년 시절 세상을 떠난 사랑하는 사람들을 기억하며 즐겨 부르던 드위트 탈마주(Dewitt Talmage)의 찬송가 구절을 상기했다. "바다 속에 가라앉을 때 예수는 그들을 밀려오는 물로부터 잡아 주었다. 보라! 구주의 피로 씻긴 그들의 옷이 얼마나 찬란하게 빛나는지를."

아! 슬프다 슬프도다, 아펜젤러의 영혼이여!

1902년 6월 11일 아펜젤러는 어청도에서 전혀 뜻하지 않은 조난 사고로 하늘나라의 부르심을 받았다. 그러나 사고 당시 이 사건을 보도한 일본의 마이니치신문이나 아사히신문은 기선의 충돌이나 침몰만을 간단히 전하고 자세한 보도를 하지 않았다. 사건의 진상은 사고 지점이 정확하지 않다는 이유로 보도하지 않는 등 석연치 않은 점이 많았다. 당시 조난 사건에 대해 누구보다도 하나님을 섬기는 조선 사람들은 매우 의아해했다.

사고 당일 아펜젤러와 동행했던 조한규는 어떤 사람이었는가?

조한규는 함안 조씨의 후손으로, 조선시대에 문과에 급제한 조성학의 아들이다. 아펜젤러의 어학선생인 그는 1888년 배재학당 설립에 동참하고 초대 직원으로 한문을 가르쳤는데, 그때 서재필, 이승만도 그에게 한문을 배웠다고 전한다. 그는 아펜젤러가 배재학당을 세울 때 당훈으로 "높은 사람이 되고자 하는 사람은 남을 섬기는 사람이 되어야 한다."는 성경 말씀을 한역하였는데(欲爲大者當爲人役), 이것은 지금까지 배재의 교훈으로 내려오고 있다.

대나무를 잘 그리고, 전통 유학에 능통했던 조한규는 갓을 쓰고 도포를 입고 성당에 다녔다. 동양문화를 깔보는 선교사에게 호통을 친 일도 있었다. 아펜젤러를 만난 이후로는 성서 번역을 함께 하였다. 35세의 아까운 나이로 순직한 조한규는 유족으로 미망인 외에 두 아들이 있다.

아펜젤러의 사망 소식을 들은 세계 감리교 선교본부와 선교사들은 일본, 중국, 멕시코, 인도 선교부와 선교사들의 뉴스 다음에 조선선교부의 비보를 짧게 기록하였다.

"서울 정동에 있는 배재학당 장으로 17년을 지낸 아펜젤러를 금년(1902년) 5월에 조선 남지방 장로사로 선정, 파송했다. 아펜젤러와 교우 조한규 씨가 성경 번역차 6월 11일에 일본의 여객선 구마가와마루를 타고 목포로 향했다. 그날 밤 철산 외양 어청도 근처에 이르니 해상에 안개가 자욱하여 눈앞을 분간할 수 없을 때 기소가와마루라는 배를 만나 피할 겨를도 없이 서로 마주쳐 구마가와마루가 파선하여 2분 만에 만경창파에 침몰했다."

"이때 아펜젤러도 갑판으로 올라와 기소가와마루호로 건너가려고 하다가 누군가를 부르며 다시 내려가려 했다고 목격자들은 전한다. 경망 중에 자기가 먼저 올라왔지만 동행했던 조한규 씨와 여학생을 생각하고 구원코자 하다가 자기 몸까지 버렸으니, 무정무지한 바닷물이 아펜젤러 목사의 사랑의 뜻을 어찌 알겠는가."

"우리의 사랑하는 아펜젤러 목사는 고국을 떠나 부모와 형제를 버리고 일가와 친구도 멀리하고 수만리 타국에 와서 무한한 고생을 하며 비바람을 만나기도 하였으나 조금도 게으르지 아니하고 우리 대한 사람의 영혼을 구원하여 주며 17년 동안을 열심히 전도하다가 필경은 자기 몸까지 형제를 위하여 버렸으니 거룩하도다, 아펜젤러 목사여! 참 죽을 때 죽어 구세주 예수를 본받으셨도다."

"그러나 아펜젤러 목사께서 대한에 와 행한 사업이 많아 우리가 그 혜택을 다 각기 많이 입었거니와 하나님께서 만일 아펜젤러 목사를 이 세상에 더 두셨으면 더욱 많은 일을 하며 전 국민에게 유익한 일이 무궁할 것을 어찌하여 아펜젤러 목사가 이같이 일찍이 세상을 떠났는가! 슬프고 슬프다. 우리 아펜젤러 목사여! 우리 어린 동생들과 누이들을 어찌하려 하오! 생각할수록 슬픈 마음을 금할 길이 없다."

아펜젤러가 사망한 직후에 모리스 목사가 쓴 글

"6월 11일 밤에 조선 선교 사역 개시 이래 가장 슬픈 사건이 일어났다. 아펜젤러 목사가 성경 번역을 촉진키 위해 조선 해안의 항구 목포에 가던 중 바다에서 익사했다.

성서번역위원회는 한글 신약전서의 부분들을 개정하는데, 6월에 보내도록 짜놓았다. 장로교 선교부의 게일 씨와 레이놀드 씨가 6월 초에 이 일로 만났다. 그러나 11일까지, 제물포를 출발하려는 아펜젤러를 다른 무리가 방해했다. 아펜젤러는 정오에 제물포를 떠났으며 짙은 안개가 낀 그날 밤 10시 30분에 그가 탄 구마가와 증기선이 같은 항로의 기소가와와 충돌했으며, 2분 내에 침몰했다. 28명이 사망했는데, 아펜젤러가 유일한 미국인이다. 미국인 광산 조차지에서 미국 집으로 돌아가던 보울비 씨는 매우 주목할 만한 탈출을 했다. 아펜젤러와 그는 막 잠자리에 들었으며, 충돌 후 급히 옷을 입으면서 갑판으로 돌진했다. 그러나 배는 순식간에 거의 침몰했다. 보울비 씨가 아펜젤러를 마지막으로 보았을 때 그는 물이 허리까지 찬 갑판에 서서 무언가를 잡으려고 애쓰고 있었다. 그 다음 순간 모든 사람은 가라앉았다. 그의 시체는 발견되지 않았다. 우리는 13일 아침에 제물포에 있는 기선회사를 통해 그 슬픈 소식을 들었다.

아펜젤러의 보기 드문 기량과 뛰어난 봉사는 고국의 교회에 매우 잘 알려져 내가 어떤 말을 할 필요가 없다. 우리의 조선 사역의 중요한 설립자들 중한 사람으로서 그의 이름은 이 왕국을 복음화하며 언제나 이어질 것이다. 그는 조선에 온 가장 능력 있는 사람 중 하나였으며, 사역에 가장 큰 열의로 헌신했다고 해도 과언은 아니다.

그의 사후 며칠 만에 이 나라 고위 관직에 있는 토박이 신사가 그의 집을 방문해 조의를 표하며, 아펜젤러가 조선 젊은이들의 교육을 위해 행한 것에 감사를 전하며 깊은 슬픔에 잠겼다. 서울의 일간신문들도 조선을 위해 사명을 다한 그에게 고마움을 표하였다. 조선 사람들에게 아펜젤러보다 더 좋게 알려진 선교사는 없었다는 사실을 장로교회 선교부의 게일 목사에게서 들었다. 이 사실들은 그가 이곳 사역에서 차지했던 넓은 자리를 보여 주는 데 도움이 될 것이다. 우리의 상심은 참으로 크다. 조선에서의 사역은 헌신적이며 가장 강한 사람들 중 한 사람을 잃었으며, 조선의 사역자들은 사랑하는

친구와 형제를 잃었다."(1902년 7월 4일)

아펜젤러의 죽음을 추모하는 시

산호의 등불이 타오르고 있을 때, 한국의 바다에선 바람이나 폭풍도 소란을 피우지 않았다. 밤안개가 자욱하게 내려깔릴 때 주위로 다가오는 배들은 충돌하며 뒤집히고 말았다.

그러나 보라. 새날이 밝아 섬과 언덕이 그 모습을 드러내고 꽃향기를 실은 미풍이 육지에서 부드럽게 불어왔다.

이리하여 하나님의 숨결인 성령이 위대하고 찬란한 아침 위로 불어갈 때 새로운 좋은 향기는 생명으로 좇아 생명에 이르러 하나님이 보내신 선물을 드러냈다.

여기 골짜기에는 마른 뼈들이 널려 있어 죽은 뒤 오래도록 기다렸다. 아마도 영혼이 새로이 창조되는 날 그날이 언젠가는 올 것이다.

하나님께서는 능치 못할 일이 없으시므로 죽은 자들이 그 목소리를 한번 듣기만 하면 이 뼈들이 살과 피로 옷 입고 다시 한 번 삶을 살아갈 것이기 때문에 이상하게 보이던 꿈이 현실이 되었다.

그리스도가 걸어가신 길을 물으며 이제 가장 좋은 것을 주께 드리는 저 살아 있는 군대를 보라. 일꾼들이 기다려 왔던 그 군대를 놀라 바라보며 그들은 다시 새로운 힘의 신호를 구하였다. 힘과 은혜가 어우러져 있는 것을.

지혜롭도다, 전쟁의 폭풍우에 기대지 않는 자와 왕위를 찬탈하고 칼과 창에 의지하며 힘을 세우는 자의 파괴 속에 있지 않는 자여!

그러나 은혜의 말씀은 부드럽네. 그리스도의 전파자들은 계속 외쳤다. 지상의 모든 영광이 빛을 잃는 영혼 속의 평화와 용서에 대해서.

시간의 빠른 흐름 속에 떠내려가 버리는 힘 위에 세운 나라를 구하지 말고, 오랜 반석처럼 고갈됨이 없는 영원한 나라를 구하라.

고요한 아침의 나라를 놀라게 한 것은 큰 소리나 대포의 연기도 아니며 폭풍우의 거친 숨결도 천둥도 아니다. 다만 고요하고 작은 목소리 그리스도의 목소리일 뿐.

그렇다 성령으로 태어난 이 하나님의 바람, 지금 한 나라를 휩쓸며 희망의 아들에게 사랑의 길을 묻도록 가르치고 그리스도의 인사를 하도록 가르친다.

'아바 아버지! 우리는 더 이상 우리를 속박하는 우상을 돌아보지 않을 것이며, 우리를 구원하신 분께만 거룩한 기도를 드리겠나이다.'

이 간구의 소리가 높아서 생명의 주께서 그것을 들으신다. 네 아버지의 사랑으로 향해 가는 길을 최악의 두려움으로 어둡게 하지 말지어다. 내 사랑 내 선택된 자여 보라, 다툼도 울음도 없이 이제 가까이 멍에를 메어 나의 짐을 거부하지 말지니라.

오, 조선이여! 그토록 오랫동안 상한 갈대였으며 억압의 수렁에 깊이 빠져 있던 자여, 그대의 고개를 들고 아름다운 햇빛 속에 더 높이 잎을 흔들라.

오랫동안 연기를 피워 온 그대의 꺼져 가는 심지가 이제 불꽃으로 타올라 빛을 비추어 순례자들이 그 빛을 보고 길을 찾으며 하늘의 멋진 탑에서도 그 빛이 보이는도다.

그대 희망의 아들들이여, 그리스도가 구속하신 낡은 이스라엘처럼 법이나 깃발이 어떠하건 이제 모든 나라를 위해 기도하라.

이전에는 격리되었던 은자였으나 이제 성령으로 채워진 한국은 모든 나라들

이 복을 받고 하나님의 큰 사랑 안에 감싸이기를 갈망한다.

9. 아펜젤러를 추모하다

1885년 4월, 제물포에서 미국으로 보낸 아펜젤러의 첫 선교보고서

이른 아침 부산에 도착했는데, 부산은 이 나라의 배에서 내려다보니 앞쪽으로 남쪽에는 작은 마을이 있다. 집의 벽은 진흙으로 높이가 8자 정도이고, 지붕은 이엉으로 엮었다.

집집마다 지붕과 똑같이 짚으로 덮은 담에 둘러싸여 있는데, 집 모양이나 색깔이 땅과 흡사해서 처음에는 마을을 알아볼 수 없었고, 마을이 얼마나 큰지도 헤아릴 수 없었다.

오른쪽에 마을이 있는 것을 발견했는데, 헐벗은 산의 경사를 따라 붙어 있는 것이 사람이 사는 집이라기보다는 오히려 큰 벌집처럼 보였다. 마을을 발견한 데에 힘입어 계속 살펴보니, 북쪽 해안을 따라 두 개의 마을이 더 있었다.

배에서 내려 곧바로 조선의 오랜 마을인 부산으로 3마일 정도 들어갔다. 길은 겨우 두 사람이 나란히 걸을 수 있을 정도였다. 두 개의 가파르고 험한 언덕을 올라 여기저기 흩어져 있는 논밭을 보다가 밭을 가는 농부 한 사람을 발견했는데, 그 모습은 언젠가 보았던 거룩한 땅에서 쟁기질하는 그림을 떠올리게 한다.

거의 아무 일도 하지 않고 나들이옷을 입고 있는 건장하고 혈색이 좋은 사람을 여럿 만났다.

돌 위에 빨랫감을 놓고 방망이질하는 여인들도 보았는데, 그들은 한결같이 얼굴을 딴 곳으로 돌렸다. 이것은 그들의 은거 정신과 일맥상통하는 것으로, 남편을 제외한 외간 남자들의 얼굴을 보아서는 안 되었다. 땅은 마치 경작한 것처럼 매우 비옥하다. 그러나 사람들의 무관심과 나태함이 이 나라의 빈곤과 불행의 가장 큰 요인이 되고 있다.

우리는 부산을 출발하여 제물포로 향하였다. 부두에서는 백 명이나 되는 더럽고 누더기를 걸치고 모자도 쓰지 않은 인부들이 배에 있는 화물을 향해 덤벼들어 야단법석을 떨었다.

아내가 먼저 바위로 뛰어내렸다. 어디로 가야 할지, 무엇을 해야 할지, 이런 것들이 무엇보다 먼저 해결해야 할 문제였다. 비가 내리기 시작했다. 설렁한 호텔 하나가 있었는데, 그곳에 투숙했다.

조선은 정치적으로 여전히 불안하다. 서울에는 불온한 요소들이 남아 질서를 어지럽히고 있다. 이런 것들이 뿌리 뽑힐 때까지는, 허약하고 무질서한 정부가 강해질 때까지는, 밝은 아침의 나라 조선의 땅에 들어가기는 힘들며 불화가 있을 것이다.

우리는 부활절에 제물포에 도착하였다. "오늘 사망의 빗장을 산산이 깨뜨리고 부활하신 주께서 이 나라 백성이 얽매여 있는 굴레를 끊으사 그들에게 하나님의 자녀가 누리는 빛과 자유를 허락하여 주옵소서."

평양 선교 길에 쓴 일기

(그는 1887년 4월 23일 일기에 평양으로 가는 도중에 보고 경험했던 풍물을 기록하였다. 4월 13일 평안도 지방으로 여행길을 떠났는데, 경기도 고양에서 파주와 임진강을 지나 평산, 황주, 철도 등을 거쳐 23일에 도착했다.)

"평양"

첫머리에 이 이름을 써 놓고 보니 대단히 기쁘다. 오랜 여행의 목적지였기 때문이다. 우리는 11일 만에 도착했다. 아침 7시에 말을 타고 백 리 길을 떠났다. 여행하면서 계속 평야를 지나왔는데, 간간이 작은 언덕과 나무 몇 그루가 흩어져 있었다. 농토는 썩 좋지 않고 오히려 나쁘다 해야겠다.

나는 평안도에 산이 많은 줄 알았는데, 이번 여행으로 그렇지 않다는 것을 알게 되었다. 저녁때가 되어서야 야산 위에 올라가 처음으로 평양을 바라보았는데, 우리는 조선 사람 모양으로 멋을 부리며 "죠타"를 외쳤다. 길 양옆으로 가로수가 무성하고, 기념비들이 즐비했다. 내가 만일 이곳에 파송되었더라면 마차를 사서 저녁 드라이브를 하고 싶을 정도로 길이 잘 닦여 있었다.

대동강 왼쪽 둑으로 물이 빠져 모래사장이 드러나 있었다. 조선의 도시에서 말을 타지 않고 걷는 것은 잘하는 일이 아니라며 기수(騎手) 한 사람이 우리를 마중 나왔고, 감사의 하인까지 호위해 주었다.

그때 많은 군중이 "양인(洋人), 양인" 하면서 뒤따라왔다. 말을 듣지 않는 사람은 목덜미가 붙잡히거나 머리 등을 맞았는데, 그제야 길을 비켰다. 좀처럼 사람들이 물러서지를 않았다. 그 중에 어떤 부인은 한바탕 욕설을 했는데, 무슨 뜻인지 알아들을 수 없었다.

집에 들어서서 보니 바닥에는 돌이 깔려 있고, 크고 튼튼한 기둥들이 지붕을 받치고 있으며, 사람들은 왕궁에서나 신는 목이 긴 신발을 신은 채 천천히 거닐고 있었다. 우리는 평양 감사에게 인사를 받았다. 감사는 우리를 접대하는 방법과 단번에 편안하게 느끼도록 하는 법을 아주 잘 알고 있었다. 그는 집 한 채와 병사들을 내어주며 머무르게 하고, 매사에 신속히 일을 처리하면서 친절히 대해 주었다. 가게에는 많은 외국 상품들과 함께 조선의 제품들도 진열되어 있었다. 콩, 보리, 옥수수, 밀과 메밀 등의 곡식이 있었다. 밀은 술을 만드는 데 쓰였다. 곡식이 잘 되었다며 모두 기뻐했다. 이 지방에서는 철과 철광석이 나온다. 그 외에 금과 구리 등도 발견되었다.

인간적인 관점에서 도덕적 상태는 절망적인 듯하였다. 그러나 나는 품위를 높여 주는 하나님의 은혜의 구원을 믿는다. 그들에게 성령을 부으신 그리스도의 피만이 그들을 죄에서 구원해 주실 수 있다. 그들은 자신의 세속적인 상황만을 보고 있는데, 그들의 눈이 영적인 필요를 볼 수 있도록 열리게 하옵소서.

'여호와여, 그날을 속히 허락하옵소서. 이곳에 당신의 제자들을 두는 것은 즐거운 일입니다. 그들과 만나고, 가르쳐 달라는 요청을 받고, 그들이 다시 친구들을 불러오고…. 이 모든 것이 즐거운 일입니다. 지금은 씨 뿌릴 시기, 좋은 씨가 나고 뒷날 풍성한 추수를 할 수 있게 하옵소서.'

도시의 한복판을 흐르는 대동강은 시의 동부를 가로지르는 큰 강물인

데, 큰 배가 들어올 정도의 수심은 되지 못한다. 성 안에는 우물이 없는데, 듣기로는 모든 사람들이 강에서 바로 물을 떠서 마신다고 한다.

수질은 양호하고 물살은 꽤 빠르다. 밖의 군중은 대단히 많았지만 온통 호기심뿐이었다. 내가 어린 소년들을 잡아 보려고 하자 그들은 좋게 생각하는 듯했다.

양보라는 섬에 나갔다가 다시 평양으로 돌아왔다. 사람들은 친절하였다. 가는 곳마다 대단한 관심을 보였지만, 아무런 해도 끼치지 않았다. 겉으로 나타난 것으로 보아 평양 사람들이 거칠다고 믿기 힘들다.

강의 아름다운 경치도 말하지 않을 수 없다. 중국에 갔던 사절단이 이곳에 도착했다. 도시는 그들을 맞으려고 장식한 듯 보였다. 깃발이 여러 개 달린 커다란 장대가 서 있었다. 내일은 감사를 다시 방문할 예정이다.

1888년 3월, 감리교회와 장로교회의 합동회의에서 행한 아펜젤러의 연설문

오늘밤 우리 앞에 놓인 문제에 대해 제 자신이 올바른 생각을 가지고 있는지 잘 모르겠습니다. 우리는 두 개의 대형 기독교 단체로서 이 언덕과 산들 위에 깃발을 펼치기 위해 만났습니다. 그 깃발에는 우리의 신조가 새겨져 있습니다.

"주도 하나요, 하나님도 하나시니 만유 위에 계시고 만유를 통일하시고 만유 가운데 계시도다." 에베소서 4장 5~6절의 말씀입니다. 이 신조를 따르는 사람이면 그가 어떤 형식 아래 있든지 우리는 그에게 옛날 사람이 한 것처럼 인사를 해야 합니다.

"내 마음이 네 마음을 향하여 진실함과 같이 네 마음도 진실하냐 하니 여호나답이 대답하되 그러하니이다. 이르되 그러면 나와 손을 잡자." 열왕기하 10장 15절의 말씀입니다. 이런 정신으로 나는 오늘밤 우리 앞에 있는 큰 문제를 의논하려 합니다.

나는 어떤 대표 자격으로 말하는 것이 아니며, 내 말에 대한 책임은 나 자신이 진다는 것을 분명하게 밝혀 두고 싶습니다.

조선이 우리 앞에 있습니다. 하나님의 영광스러운 복음을 위한 놀라운 땅입니다. 우리는 하나의 깃발을 의식하고 있으며, 그 생각이 전국에 시행되도록 계획되어야 함을 알고 있습니다.

형제들이여! 솔직히 말하면 이 문제는 아직 마땅히 되어야 할 상태로 처리되지 못했습니다. 최종적인 행동은 최소한 여러 달 뒤로 미루어야 할 것입니다.

아펜젤러가 윤치호에게 보낸 편지

친애하는 윤치호 씨에게

1. 나는 지난 주일에 당신이 우리 교회에 소속하고 싶다는 희망을 표시했다고 광고했으며, 또한 부인이 교회에 보낸 편지도 읽었습니다. 그러므로 당신은 정식으로 감리교인으로 등록이 되었습니다. 당신이 우리 교회에 오시게 된 것을 매우 기쁘게 생각합니다. 조선에 남감리교회가 사업을 개시하게 되면 언제나 귀하가 과거에 선택한 교회로 돌아갈 수 있습니다.

2. 우리가 정동에 새 교회를 가지고 있다는 것을 잘 아실 터인데, 당신이 적당하다고 생각하는 교회 이름을 한문과 영문으로 써 주시기 바랍니다.

3. 우리는 어제 교회 기공식을 했습니다. 이제 겨우 시작이지요. 수일

내로 기초를 놓고 계속 공사를 해서, 우리가 예상하기로 다음 주에 서울에 오게 될 발트 감독이 떠나기 전에 머릿돌을 놓을 수 있기를 희망합니다.

4. 아직까지 기부금 내역서가 당신에게 전해지지 않은 걸로 알고 있습니다. 귀하께서 150달러, 그리고 부인께서 50달러를 기부하지 않으시겠습니까? 오늘까지 우리는 한국인에게 113.53엔을, 그리고 외국인에게 1,069.11엔을 기부 받았습니다.

안녕하시기를 빕니다. 저의 아내는 이질에 걸려 1주일 동안 누워 있다가 오늘에야 겨우 일어났습니다.

- 아펜젤러로부터

1898년 8월 17일 아펜젤러가 서재필에게 〈독립신문〉 편집에 대한 자신의 의견을 적어 보낸 편지

친애하는 서재필 박사에게

나는 지금 다음과 같은 편지를 윤치호 씨에게 썼습니다.

"나와 서재필 박사 간에 맺은 협정 조항에는, 〈독립신문〉의 영문판 및 한글판 경영에 대한 모든 권한을 박사의 부재 기간 동안 내게 위임한다고 되어 있습니다.

독립신문사가 설립된 이후 지금까지의 내 경험으로 볼 때, 어떻게 해서든지 신문에 해를 미치는 일이 없기 위해서는 이 부문에 주어진 권한을 양도하는 것이 좋다고 생각합니다. 귀하께서, 내게 부여된 독립신문에 관한 모든 권한을 맡아 주신다면 대단히 고맙겠습니다. 그러면 나는 위에서 언급한 그 부문에 부여받은 권한을 양도할 것이고, 그 효력은 즉시 발생하게 될 것입니다. 두 신문의 지속적인 발행을 바라는 마음 간절합니다. 안녕히 계십시오."

이런 일들에 대한 내 방침에 동의해 주시기를 희망합니다. 사람들은 신문이 계속되기를 바라고 있으며, 윤치호 씨와 나는 서로 상의하면서 계속 일할 것입니다. 즉시 답장해 주시기를 바라며 이만 맺습니다.

- 아펜젤러

1898년 11월 20일 주한 미국 공사의 공문 형식으로 된 서신과 이에 대한 아펜젤러의 답장

* 독립운동단체인 만민공동회와 관련해서, 배재학교가 독립군의 도피처 내지는 모임 장소가 되었던 사실을 알렌의 서신이 반증해 준다.

친애하는 아펜젤러에게

나는 조정으로부터 배재학교 및 그 부속 건물들이 지금 대궐 앞에 모인 백성, 일반적으로 독립군으로 알려진 사람들의 모임 장소 내지는 집합처로 사용되고 있다는 보고를 받았습니다.

그 외교 문서에는 김가진을 비롯한 다른 사람들의 명단이 포함되어 있습니다. 이들 독립군으로 알려진 자들은 공격을 받을 경우 당신의 학교 운동장과 건물로 도망치려 한다는 정보도 받았습니다.

나는 이것이 사실이 아니기를 바라며, 당신이 그런 일에 동의하려 하지도 않았으며 지금도 절대로 동의하지 않기를 희망합니다. 그런 일로 인해 이웃의 모든 다른 외국인 가족들은 물론 당신 자신과 당신의 가족에게 불

필요하고 심각한 위험이 초래될 수 있다는 점을 지적해 둡니다. 또한 도피처를 얻기 위해 당신의 집과 땅을 침범할지도 모르는 군중에게서 당신을 보호해 줄 힘이 내게는 전혀 없습니다.

이 편지에 동봉하는 회람이 당신의 주의를 환기시키기를 바랍니다. 그것은 정부의 확고한 요청에 따라 내 전임자(Sill)가 배부했던 것으로, 당신도 가지고 있을 줄 압니다. 이 회람은 바로 이들 독립군 소요와의 관계에 대한 언급입니다. 조선인 도망자에게 은신처를 제공하는 것은 이 회람의 정신에 어긋나는 행동일 것입니다.

- 호레이스 N. 알렌

알렌 귀하

나는 오늘 호의에 넘치는 당신의 편지를 받았습니다. 일반적으로 독립군으로 알려진 사람들이 대궐 앞에 모였을 때, 그리고 내가 그들이 대궐 앞에 모였다는 것을 알기 전에 아마도 그들 중 몇 명이 학교 캠퍼스 안으로 이동해 온 것 같습니다. 나는 즉시 수위를 불러 교문을 잘 지키라는 특별한 지시를 내렸습니다. 나는 이런 소란스러운 기간 동안 오가는 자들을 통제할 힘이 없습니다. 나는 많은 학생들이 오가는 것을 봅니다. 또한 내가 알지 못하는 다른 사람들이 오가는 것도 봅니다. 그들은 나에게 알리지도 않고 허가나 동의를 받지 않고 들어오며, 이와 동일한 이유로 황제는 대궐 문 앞에 있는 군중을 해산시킬 수 없는 것입니다. 나는 나 자신을 보호할 수가 없습니다.

나는 늘 해 오던 것처럼 일을 하고 있습니다. 나는 군중과 내통하고 있지 않으며, 그들이 계획하고 있는 바를 알지 못합니다. 만일 공사께서 군중에게서 나를 보호해 주실 수 없다면, 황제 폐하도 군중을 통제할 수 없습니다. 나는 내가 할 수 있는 최선을 다해야 하겠습니다. 나는 이 외교 문서에 대해 아는 바 없으며, 김가진이라는 사람이 어디에 있는지도 모릅니다.

- 아펜젤러

1899년 12월 28일과 그 이듬해 2월 6일 이승만이 아펜젤러에게 보낸 편지

* 아펜젤러가 그의 일기에 써 놓은 이승만에 대한 내용이다.

오늘 이승만에게 편지를 받았다. 그는 약 11개월 전에 서울에서 스크랜튼과 함께 길을 걷고 있다가 체포되었다. 만민공동회에서 뛰어난 활약을 보이고, 권력자들을 공격하는 바람에 사복형사들에게 붙잡힌 것이다. 그의 체포는 외국인들에게 상당한 관심을 불러 일으켰고, 풀려나올 무렵에는 탈옥하라는 설득을 받았으나 도망하는 데 실패하여 다시 감방으로 돌아갔다. 그는 기소되어 종신형을 선고받았다. 성탄절에 나는 침구를 약간 보냈는데, 아래와 같은 답장을 받았다.

존경하는 선생님께

서양력에 대해서는 까마득히 잊고 있었기 때문에 이 무렵인 것은 확실하지만 어느 날이 성탄절인지 기억할 수가 없습니다. 이 편지를 귀한 선물 대신 새해 인사까지 겸한 성탄절 선물로 여기고 받아 주시기를 부탁드립니다.

행복, 강녕, 축복이 함께하시기를 빕니다. 저희 가난한 가족들을 위해 값비싼 담요와 쌀, 그리고 땔감 등을 보내 주신 데 대해 어떤 감사의 말씀을 드려야 할지 모르겠습니다. 동시에 저와 같이 비참하고 죄 많은 몸을 감옥에 갇혀 있는 가망 없는 상태에서 구원해 주시고, 더욱이 의지할 데 없는 제 가족들에게 먹고 살아갈 양식을 주신 하나님께 진심으로 감사를 드립니다. 내게 주시는 하나님의 축복이 얼마나 놀라운지요! 제 부친께서 편지로 선생님의 크신 도움에 감사하다고 하셨습니다. 그때는 저희 집이 아주 곤경에 처한 시기였습니다. 황량한 겨울이기 때문에 이곳 어둡고 축축한 감방은 요즘 너무나 춥습니다. 대부분의 수용자들은 의복과 음식, 그 외의 모든 것이 부족하여 어려움을 겪고 있습니다.

그러나 하나님의 은혜와 선생님의 자비로 저는 지금 옷이 충분하며, 그래서 추위가 더 이상 저를 괴롭히지 못합니다. 다시 한 번 선생님께 감사를 드립니다. 차후에 다시 글을 올릴 것을 기대하면서 오늘은 이만 그치겠습니다.

- 12월 28일 이승만

존경하는 선생님께

이제 신정과 구정은 다 지나고 봄이 시작되었습니다. 번창과 축복과 행복이 특별히 선생님과 모든 크리스천 가족에게 일 년 내내 함께하시기를 하나님께 기도드립니다.

사모님께 새해 인사를 전해 주시길 바랍니다. 부친의 편지로 선생님의 소식과 선생님께서 저의 석방을 위해 백방으로 노력하신다는 것을 자주 듣고 있습니다. 진심으로 감사를 드립니다. 당연히 선생님께 고마움을 전하는 편지를 보내려고 하였습니다만, 그저 감사 감사하다는 말만 한다는 것은 소용이 없다는 생각이 들었습니다.

비록 세상의 권세 있는 모든 자들이 나를 대항한다고 해도 하나님의 뜻은 이루어질 것임을 확실히 믿습니다. 이 믿음이 저를 편안하게 해 주며, 이 비참한 곳에서 행복하게 만들어 줍니다. 그리하여 저는 책을 읽고, 간간이 시를 지으면서 시간을 보내고 있습니다. 그러나 제가 잊을 수 없는 오직 한 가지는 연로하신 아버지와 모든 가족들이 겪는 말할 수 없는 고통입니다.

- 2월 6일 이승만

1900년 11월 7일 유럽 여행을 마치고 귀국하는 중에 홍해에서 시내산을 바라보며 그의 동역자인 최병헌 전도사에게 보낸 편지

* 최병헌은 1880년 22세에 기독교를 접하고, 1888년에 아펜젤러를 만났으며, 1893년 세례를 받고, 1902년에 정동교회 담임목사가 되었다. 1889년 배재학당의 한문 교사를 맡기도 하였다.

친애하는 최병헌 전도사에게

당신과 당신의 가족, 그리고 모든 형제자매들이 건강하고 세상일이나 영적인 일이 모두 잘되기를 빕니다. 나는 자주 당신을 생각하기 위해 기도하고 있으며, 당신도 그러리라는 것을 알고 있습니다.

벌써 서울을 떠난 지 한 달, 우리는 새롭고 신기하고 흥미로운 것들을 많이 보았습니다. 일본은 당신도 가보아 알고 계시겠지요. 나는 수요일 하루 저녁은 장로교회에서 보냈습니다. 그곳엔 감리교회가 없었는데, 그렇지 않았다면 감리교회에서 예배를 드렸을 것입니다.

주일은 동창생과 함께 보냈으며, 저녁에는 조선에서의 하나님의 역사하심에 대해 설교를 했습니다. 상해에는 잠깐 머물렀는데, 일 때문에 구경은 많이 하지 못했습니다.

홍콩에서는 하루를 지냈는데, 아주 멋진 곳입니다. 싱가포르에는 겨우 몇 시간만 머무는 바람에 구경을 많이 할 수가 없었습니다. 실론의 콜롬보에서 주일 아침 예배를 드렸습니다. 찬송은 잘 불렀으며, 이화학교 여학생들이 종종 그러듯이 한 여인이 찬송을 시작했습니다. 그는 어깨와 머리에 베일을 쓰고 있었으며, 모든 여인들이 신부처럼 보였습니다.

우리 기선은 엿새 반나절을 계속 달려 2,100마일을 항해한 후 지난 주일 아침 10시에 홍해에 들어섰으며, 나는 외국인들에게 설교할 특권을 누렸습니다. 선상의 사람들은 열 내지 열두 부류의 다른 민족 다른 나라 출신들이었습니다. 이곳은 독일 지역이지만, 나는 영어로 설교했습니다. 설교 내용은 고뇌 등에 관한 것이었습니다.

오늘 아침 나는 아주 멀리 떨어진 거룩한 시내 산을 바라보았는데, 그 산은 모세를 통하여 하나님께서 우리에게 십계명을 주신 곳입니다. 하나님이시여, 우리도 당신의 모든 계명에 순종하며 완전하게 지킬 수 있게 도와주시옵소서!

서쪽으로는 아프리카입니다. 내일이면 우리는 수에즈운하를 통과하게 되고, 이집트를 볼 것입니다. 아브라함의 방문, 요셉의 놀라운 생애와 기근으로부터 나이든 아버지와 모든 가족을 구한 일, 그리고 모세가 파라오의 압제에서 백성을 이끌어내어 홍해를 건너 약속의 땅으로 향했던 일을 떠올리지 않을 수 없었습니다.

이제 그만 마쳐야겠습니다. 모든 형제와 가족들에게 전해 주십시오. 모두에게 크리스마스 인사를 보냅니다.

- 아펜젤러

사랑하는 아내 엘라에게 보낸 편지

* 1901년 10월 18일 아펜젤러는 고국에 있는 아내에게 애절한 편지를 보냈다.

아버지께서 돌아가셨다는 9월 13일자 편지를 받은 지 채 세 시간이 안 되었소. 나는 학교에서 신입생들과 함께 처음으로 시 낭독 수업을 하고 있었소. 편지를 끝까지 읽은 후 수업을 계속 해야 한다고 생각하고는 그것을 밝히지 않았지만 나는 전혀 그럴 수가 없었소.

지금 혼자 조용한 방에 있지만 하나님께서 나와 함께 계시오. 나는 당신의 편지를 읽고 또 읽었소. 당신이 아버지의 장례식에 참석할 수 있었다는 게 얼마나 고마운지 모르겠소. 아주 이상한 것은 전보가 오지 않았다는 것이오. 아마도 이곳에 남아 할 일이 있었기 때문에 자비로운 하나님의 섭리로 그렇게 된 게 아닌가 하오.

당신이 여러 가지 일을 하고, 또 교회 묘지까지 동생 야곱과 함께 간 것을 고맙게 생각하오. 정말 잘한 일이오.

우리가 아버지와 함께 여름을 보냈다는 사실이 얼마나 기쁜지…. 나는 그 두 달을 아버지께 빚진 듯한 느낌이 드오. 또한 아버지께서 손자들을 보았으며 아이들, 심지어 어린아이까지도 할아버지에 대한 추억을 가슴에 간직할 수 있을 것이라고 생각하니 큰 위로가 되오. 아버지를 생각할 때마다 가장 먼저 떠오르는 것은, 주일마다 서재와 나무 밑 당신이 가장 좋아하는 벤치에 앉아 거의 하루 종일 성경을 읽었던 모습이라오, 그러나 어머니와 아버지가 떠나 버린 고향집은 얼마나 변했는지…. 하나님이시여, 지상에서 우리의 마지막 날들은 그들의 마지막 날처럼 평화롭고 안온하게 하옵소서.

우리 모두 저 위에 있는 더 좋은 세상에서 그를 만나게 하옵소서. 더 자세한 소식을 전해 주시오. 당신과 아이들에게 내 사랑을 보내오.

- 아펜젤러

1888년 11월 25일 서울 미션처치에서 행한 아펜젤러의 설교문

한 가지 아는 것(요한복음 9:25)

나의 목적은 이 강력한 기적에 대해 설명하고자 함이 아닙니다. 오히려 나는 영적 진리에 대한 경험적 지식이라고 부를 수 있는 것에 대해 몇 가지 생각을 제시하고 싶습니다.

물질적 세계에 대한 우리의 지식은 계속 변합니다. 우리가 가지고 있는 몇 가지 생각들은 보통 조선 사람들이 자기 국토의 대략적 크기에 대해 가지고 있는 생각만큼 오류가 있습니다. 지난 주간에 나는 교실 벽에 아시아 지도를 걸어 놓았는데, 조선이 얼마나 작은지를 안 학생들의 얼굴에 나타나는 놀라운 표정은 즐겁다기보다 감동적이었습니다.

지식이 있다 해도 사라져 버리리라고 한 바울의 말씀은 바울이 그것을 썼을 때와 마찬가지로 지금도 여러 면에서 진리입니다. 사람을 통한 지식과 그 이성을 통한 지식, 본문에 나온 사람들의 이야기는 몇 마디로 요약할 수 있습니다.

1. 그리스도인은 주 안에 자신의 증거를 가집니다

"한 가지 내가 아는 것"입니다. 나는 인물의 성격을 검토하면 할수록 더욱 이 사람에게 감탄하게 됩니다. 그의 정직과 솔직함은 확신을 가져다줍니다. 그는 오직 한 생각, "한 가지 내가 아는 것"만을 가지고 있는 사람입니다. 그리스도에 대한 지식은 가지고 있지 못하지만, 그의 마음은 그것을 받아들이는 상태에 있습니다.

2. 평화, 이것을 내가 압니다

평화에 대해 나는 이름을 알 뿐입니다. 오, 어디에서 안식을 찾을 수 있을까요? 공허한 영혼을 위한 안식 말입니다. 구원받지 못한 이들은 하나님과 적대하고 있기 때문에 안식이 없습니다. "사악한 자들은 물결 이는 바다와 같으니 물결이 진창과 먼지를 퍼부을 때 안식할 수 없음이로다." 그러나 회개할 때는 이것이 사라지며, 모든 이해를 꿰뚫는 하나님의 평화가 마음속에 들어오게 됩니다.

3. 불멸

나는 살 것이며 죽지 않을 것입니다. 나는 내 영혼을 사랑하는 이와 함께 있을 것입니다. 나는 왕의 아름다움을 볼 것입니다. 나는 주의 집에 영원히 거할 것입니다. 나는 이것이 하나님의 사랑과 평화의 필연적인 결과임을 압니다. 사람은 살도록 만들어졌습니다. 사람은 또 다른 세상을 위해 만들어졌습니다. 교회에 대한 열성은 있으나 그것은 지식에 따른 것이 아니었습니다.

형제들이여! 우리는 다시 살 것입니다. 이곳은 우리의 최후 거처가 아닙니다. 우리는 보다 나은 것을 위해 만들어졌습니다. 우리는 하나님이 기초석을 세운 도시를 향하여 갈 것입니다. 우리는 하나님의 백성을 위하여 준비된 안식에 들어갈 것입니다. 우리는 위대한 도시, 하나님으로부터 하늘에서 내려온 거룩한 예루살렘을 볼 것입니다. 요한계시록 21장 2절의 말씀입니다. "모든 눈물을 그 눈에서 닦아 주시니 다시는 사망이 없고 애통하는 것이나 곡하는 것이나 아픈 것이 다시 있지 아니하리니." 요한계시록 21장 4절의 말씀입니다.

이것은 사람이 흥분하여 사상으로 지어낸 것이 아닙니다. 하나님이 사람의 마음에 계시한 것입니다. 옛 성도들은 어린 양의 피로 씻긴 문을 통하여 가는 자신의 모습을 발견하였습니다. 살아 있는 성도들은 그들과 교제하였으며, 다시 그것을 전하여 주었습니다.

오, 나의 영혼이여, 그 날개가 하늘로 치솟아 날아오를 때 먼 해변에서 위대한 왕 하나님의 도시에 영접될지어다.

1887년 3월 21일자 〈독립신문〉에 기고한 글

은자(隱者)의 나라에서의 기독교 사역

은자의 나라에서의 기독교 사역은 앞으로 나아가고 있다. 성서번역위원회는 서울에서 선교사들이 만들었다. 대여섯 명의 조선인들이 세례를 받았으며, 그 외에 많은 사람들이 성경 말씀을 공부하고 있다. 기독교 전래를 반대하는 현행법 때문에 현재 이 일은 사적인 방법으로 행해진다.

감리교회 선교부의 의료 사업과 교육 사업은 최근에 왕의 승인을 받았다. 지금 두 해가 된 선교부의 회원들은 어떤 식으로든 정부와는 관계가 없었으며, 서울에 있는 유일한 외국인들이었다.

의사인 스크랜튼은 거의 일 년 전에 사설 병원을 개원했으며, 그의 의료 사업은 매우 성공적이고 조선인들의 마음에 들었다. 그에 관해 들은 왕은 감사했을 뿐 아니라 그 사업에 대한 정부의 승인이라 할 수 있는 이름과 현판을 병원으로 보내셨다. 남성을 위한 것과 마찬가지로 여성 교육을 위한 학교도 비슷하게 국가의 긍정적 수용과 승인을 받았다. 선교사들로서의 남성의 인격이 잘 알려져 있기 때문에 이 획득은 실질적인 데서 온 것이다.

왕궁에 전기 공사를 하러 이곳에 와 있던 맥케이 씨가, 여느 조선인들처럼 호기심 많은 어떤 한국인 군인이 연발 권총을 시험하던 중 오발을 해 총에 맞았다.

황제께서 그 사고에 대해 매우 걱정하셨는데, 맥케이 씨는 결국 총에 맞은 후 24시간이 못 되어 죽었다. 사건 후 국왕은 맥케이 씨 부인에게 집과 생활비와 아들의 교육을 위한 모든 것을 제공하라고 하명하였다.

매장 다음날 그녀는 조의를 표하는 위로금 5백 달러를 왕에게 받았다. 발사는 순전히 사고였으므로, 그 군인의 생명을 구하기 위한 탄원서 등이 즉각 제출되었다.

관행대로라면 즉시 그의 목을 베야 했지만, 이 경우에는 간청이 효과가 있어 단기간의 투옥 후 그는 석방될 것이다. 나는 일반적으로 볼 수 없는 조선인들의 특성을 한 국민의 진술로서 이 글을 쓸 수 있음을 기쁘게 여긴다.

1898년 10월 7일 마부(馬夫)에 대한 아펜젤러 일기

나 같은 방법으로 여행을 할 때는 마부가 가장 중요한 역할을 한다. 외국인들이 그들을 남용하고 있는 것 같은 인상을 받았는데, 이는 그들이 마부에 대해 대개는 잘 모르기 때문이다.

그들은 언제나 착하고, 처음이나 나중이나 늘 자기 말(馬)만 생각한다.

그러므로 그들의 성실성에 깊은 감사를 표해야 한다. 마부는 거친 말로 자기의 말을 부릴 때도 있다.

그러나 너무 많은 짐을 가지고 타는 사람, 정도 이상 빨리 가기를 원하는 사람, 가파른 언덕길에서 내리기를 거절하는 사람들은 아예 태우지를 않는다. 빨리 가게 하거나 특히 뛰게 하면, 자기 말에 대한 애정을 겉으로는 드러내지 않는다. 부모가 죽을 때를 제외하고는 한국 사람들은 감정 표현을 억제하고 절제한다. 마부도 예외가 아니다.

지난 3월 평양에서 서울로 올 때 10마일쯤 되는 곳에서 내 마부가 다른 마부를 만났다. 그는 말에 대해 이야기를 하기 시작하였다. 자기들만의 사적인 이야기였다. 서울에서의 친분 등에 대해서는 물론 말하지 않는다. 말, 마부, 실제 소유자, 그 모두의 좋은 점과 나쁜 점에 대해 말할 뿐이다.

1894년 4월 2일 아펜젤러가 스크랜튼 목사에게 보낸 편지

친애하는 스크랜튼 목사에게

첫 계삭회는 별 변화 없이 지나갔습니다. 교인들은 점점 늘고 있습니다. 나는 매주일 설교했고, 기도회 중에도 필요하면 언제라도 설교했습니다. 소년들은 감리교회 교회 연구반을 조직하기도 했습니다. 매주 금요일 아침에 모입니다. 참석하는 소년들의 평균 연령은 15세가 넘습니다. 우리 교과서가 매우 유용하다는 확신을 얻게 되었습니다.

부활절에는 시온에서 애오개, 상동, 동대문이 우리와 함께 연합하여 큰 행사를 가졌습니다. 배재학교 채플이 가득 찼습니다. 한국에서 경험한 바로는 처음으로 놀랄 정도의 찬송소리를 들었습니다. 대개 아름답게 부르려고 애쓰지만 뜻대로 되지 못했는데, 그날은 그렇지 않았습니다. 헐버트가 회중에게 정열적이고 설득력 있게 설교했습니다. 여성 모임도 가득히 모였고, 하나님께서 능력으로 임하셨습니다.

여섯 명의 여성이 학습자가 되어 교회와 하나가 되었습니다. 모임에서 내가 여성들에게 큰 도움을 받는 것을 생각할 때 그지없이 기쁩니다. 주중 모임에 서로 그들의 손길이 닿지 않는 곳이 없습니다.

아직 종로에서는 어떤 사업도 시작하지 못하고 있습니다. 믿을 만한 조선인 조력자가 있으면 외부 활동을 시작해 보겠는데, 그러기 전까지는 일을 벌이기가 두렵습니다. 우리에게 필요한 사람들이 설날까지 계속 모였고, 나중에는 봄까지 연장되었습니다. 모임은 아주 재미가 있습니다. 이것이 크고 성공적인 신학 수업의 바탕이 되기를 바랍니다.

이번 계삭회기에는 장례식이 세 번, 혼례식이 한 번 있었고, '볼드윈채플'에서 어른 두 명과 아이 한 명에게 세례를 주었습니다.

릴리아스 언더우드의 아펜젤러에 대한 추모의 글

* 릴리아스 언더우드는 조선 장로교회 최초의 선교사인 호레이스 언더우드의 부인으로, 1912년 12월 간행물에는 북장로교 의료 선교사였으며 명성황후의 시의로도 일하였다는 기록이 있다.

"근대 조선의 개척자, 헨리 G. 아펜젤러 - 그는 죽었으나 아직도 말하고 있다"

전기(傳記)는 문학에서 분명히 매우 유용한 방식이다. 역사는 결국 위대한 사람들의 업적과 이러한 업적이 세계의 운명에 끼치는 결과에 대한 이야기이기에, 우리 모두는 전기를 통해 역사를 공부할 수 있다는 사실을 알고 있다. 그럼에도 전기물 혹은 자서전은 독자들에게 기껏해야 만족스럽지 못한 읽을거리의 한 종류에 불과하며, 위대한 인물들의 출판된 편지들까지도, 그것들이 인물의 성격이나 동기에 대해 약간의 식견을 제공해 줄지는 몰라도, 그 편향성 때문에 믿기 어렵고 실망스럽다.

전기물이 훨씬 오해의 여지가 많기는 하지만, 아무도 어떤 사람이 그 자신의 잘못이나 실패에 대한 완벽한 자서전을 쓸 것이라고도 기대하지 않는다. 혹은 만약 그가 더할 나위 없이 점잖은 사람이라면, 자신이 이룬 업적들, 승리와 위업에 대한 것들도 제대로 쓰지 못할 것이다. 전기는 거의 언제나 그 인물의 열렬한 찬미자들과 사랑하는 친구들에 의해 기록되며, 그래서 흔히 따분한 아첨과 역겹게 하는 치레말로 가득 차고, 그의 가장 신뢰할 만한 특성과 진정한 가치들은 종종 완전히 간과된다. 거의 변함없이 우리는 부풀려진 초상을 만나게 되며, 그래서 그것이 우리의 친구를 정당하게 평가하지 못했다고 느낀다. 그것은 우리가 바라보고 있는 따뜻하고, 자연스럽고, 살아 있고, 인간적인 진짜 남녀의 이미지가 아니요, 차갑고 무표정한 조각상의 전형이며 완벽한 사람, 어떤 사람의 상상력에서 비롯된 창작품이다. 다른 사람이 우리에 관해 말하거나 기록한 것, 혹은 우리가 나 자신에 관해 말하거나 기록한 것이 우리 삶의 진정한 이야기가 아니라는 사실은 언제나 기억되지는 않는 진리다.

과거에 살았고, 사랑했고, 땀 흘려 일했고, 맹렬히 분투했으며, 때로는 미끄러져 넘어졌으나 항상 앞에 있는 것을 붙잡으려 푯대를 향하여 열심히 "쫓아간", 우리가 아는 그 사람에 대해 조사한 것들 중에 한두 가지는 쓸모없는 것들도 있었다. 그러나 결국 그것은 그다지 중요하지는 않으며,

하나님께서 그렇게 되도록 정하신 것이다. 오직 하나님만 한 사람의 진짜 삶, 그의 업적의 진가, 그리고 그가 정말로 무엇을 하였는지를 보시고 아신다.

모든 기독교인이 부지런히 일하는 것은 지상의 영광이나 변하기 쉬운 인간성의 칭찬을 위해서가 아니라, 경외하는 창조주와 주님의 사랑을 위한 것이며, 이것은 모든 기독교인의 기쁨과 위로다. 주님을 아는 것, 주님의 수난에 동참하는 것, 그리고 만일 필요하다면 그의 치욕과 실패의 죽음에 동참하는 것, 또한 그리스도를 얻고 그분을 알 수만 있다면 바리새인 집단의 박해에 동참하는 것을 그는 큰 영광으로 여길 것이다. 그와 같은 삶에 의해 그는 죽었으나 여전히 말하고 있다. 그래서 최고의 전기가 전하는 그의 명성보다 더 좋고 더 귀한 것을 우리는 듣고 깨달을 수 있다.

이는 우리의 오랜 친구 헨리 아펜젤러 목사의 경우에도 마찬가지다. 우리는 그에 관해 쓴 책에 만족할 수 없어 그냥 내려놓는다. 그는 책 속에서 다소 모호해져 버렸다. 그러나 조선인들은 그를 알며 그의 동료들도 그를 알고, 비록 세상을 떠났으나 여기 그가 삶과 목숨을 바친 사람들 한가운데서 그의 사역들은 여전히 말하고 있다. 누구나 그가 설립한 중고등학교와 대학인 배재학당을 알며, 많은 뛰어난 조선의 지도자들, 목사들, 교사들, 집사들, 전도자들은 학교와 교사들의 시작이 어떠했는지를 기억한다. 수도 서울의 누구나, 그리고 그 외곽의 수많은 사람들이 그가 세운 정동교회를 알며, 아마도 수천 명이 그 교회와 그 교회의 다양하고 선한 사역들 가운데서 그리스도를 만났을 것이다. 조선인이면 누구나 그가 지칠 줄 모르는 근면과 온 정성을 쏟아 번역에 참여한 성경을 안다. 사람들이 번역자 회의에 빠지더라도 아펜젤러 목사는 항상 정시에 참석했으며, 좋은 날씨, 궂은 날씨, 이른 때와 늦은 때를 상관하지 않았다. 수십만의 사람들이 그가 도왔던 이 은총 입은 말씀으로 살아간다. 이것으로, 그는 세상을 떠났으나 여전히 말하고 있다. "메아리는 영혼에서 영혼으로 울리며 영원히 산다."는 말처럼 세대와 세대를 넘어 말하고 있다.

아펜젤러 목사는 위대한 감리교회 선교부의 선구자요, 한 국가의 형성을 도왔던 사람으로, 그의 이름이 이 나라 초석에 크게 새겨져 있음을 누구나 안다. 그가 설립했고 즐겨 도운 소책자 협회와 성서공회를 누구나 기억한다. 이 모든 일들을 통해 그는 지금도, 그리고 세상 끝 날까지 말할 것이다. 이것들이 아펜젤러 목사에 대한 최고의 전기이며, 그는 다른 것을 필요로 하지 않는다. 전기물은 선하고 위대한 사람들이 행한 것이 무엇인지, 우리가 알고 기억해야 할 것들을 기록한다. 그러나 아펜젤러의 행함은 그 스스로 말하고 있으며, 결코 우리나 다른 사람들이 잊을 수 없을 것이다.

1903년 5월 아펜젤러 1주기 추모회 때 존스 목사가 읽은 추도문(일부)

전도자, 선교사, 교육자, 편집자, 그리고 번역자인 헨리 게르하르트 아펜젤러는 뛰어난 인품을 가진 성실한 일꾼이었다. 1858년 2월 6일 태어나 1902년 6월 11일 44세를 일기로 요절하였다.

그는 그가 탔던 불운의 배와 그가 사랑한 조선인들과 함께 사라졌다. 바닷물은 그를 삼켜 그의 무덤을 간직하고자 하는 우리의 작은 소망마저도 앗아갔다. 그는 안식처를 나타내는 비석이나 장식도 없는 회색빛 쓸쓸한 바다 속에 잠들었다. 그러나 무덤은 인간이 가질 수 있는 가장 큰 집이다. 우리는 그가 죽었다고 말한다. 그러나 그렇지 않다고 여겨지는 것은 뒤에 남겨진 우리의 마음속에는 그가 결코 죽지 않았기 때문이다.

어떤 이들은 그가 죽은 뒤에 웅장한 기억만을 남겨 두었다고 한다. 그러나 우리의 형제는 더 큰 것을 남겼다. 그는 그가 도와주었던 많은 사람들의 삶에 도덕적 선함으로 자신을 투영시켰으며, 그는 영원히 우리 삶에 살아 있다.

종소리는 그치고 조용해졌으나 그 달콤하고 은은한 여운은 아직도 그가 풍요롭게 해 주었던 사람들의 말과 행동 속에 울리고 있다. 많은 영혼들의 은밀한 마음 한구석에 아펜젤러의 이름이 언급될 때마다 축복의 기도가 속삭인다. 이제 잠시 우리 형제의 사람됨과 인격에 관해 찬사를 표하겠다. 아펜젤러는 예의 바른 사람이었다. 본질적으로 예의는 작은 희생을 필요로 한다. 그의 일생은 타인을 위한 신중하고 진심어린 이해로 일관되었다. 동료들을 향한 그의 태도에는 언제나 정이 넘쳤고, 숙녀들에게는 의협심 많은 기사였다.

그의 인상은 항상 아름다운 온화함으로 가득했고, 친구들에게 용기를 북돋워 주었다. 그의 우정은 존경하는 친구들에게 가장 좋은 것을 불어넣어 주는 것이었으며 또한 그렇게 보답되었다.

그는 우애가 깊었다. 언제나 친구들을 보호해 주었다. 나침반의 바늘이 북쪽을 향하듯이, 해시계가 해를 바라보듯이 친구들에게 짧은 축하의 글을 보내는 것은 그의 즐거움이었고, 진심에서 우러나온 자그마한 칭찬의 말들은 오늘날까지 소중하게 기억되고 있다. 그는 친구들을 사랑했다. 또한 모든 사람들을 사랑했고, 그의 형제애로 모든 나라의 사람들에게 존경을 받았다. 그는 동정심이 매우 많아 한국의 어떤 이보다 슬픔과 비탄에 잠겨 있는 사람들을 위로했다. 그는 언제나 웃을 준비가 되어 있었고, 기쁨의 일에 함께하였다. 그와 동시에 재난이나 슬픔에 잠겨 있는 친구들에게 풍부한 동정을 베풀 준비도 되어 있었다. 그를 아는 모든 가정은 그가 오면 반갑게 맞아들였으며, 어린이들의 존경과 기쁨의 대상이 되었다. 자기의 집에서 혹은 친구의 집에서 그가 어린이를 무릎에 앉혀 팔로 안고 이야기를 들려주는 모습을 자주 볼 수 있었다.

그는 또한 용기 있는 사람이었다. 그는 절대 일터를 등한시하지 않았다. 그는 옳은 일이면 어떤 투쟁도 마다하지 않았다. 그것은 마치 큰 사자처럼 우렁찬 목소리를 통해 나타났다. 이교도들이 외국인에 대한 거짓 소문 때문에 흥분하여 창과 칼로 위협하고, 외국인들을 도시와 시골에서 몰아내려고 한 그날 밤에도 선교부의 재산과 소유지를 보호하면서 자신의 위치를 굳건히 지켰다.

초기에 여러 번 어려운 상황에 부딪히고 위협과 전쟁, 전쟁의 뜬소문이 떠돌아도 그를 위축시키지는 못했다. 질병 때문에 여러 번 죽을 고비를 넘겨도, 한국인들이 매일같이 콜레라로 죽어 가고, 주위에서 이루 말할 수 없는 일들이 일어나도 그는 자신의 위치를 굳건히 지켰다. 도덕적 문제에 있어서 그는 자신의 신념과 동일한 용기를 가지고 있었다. 그는 죄를 미워했으며, 죄와 타협하는 것을 용납하지 않았고, 이를 고발하는 것을 주저하지 않았다. 그는 마음에 들지 않는 일을 피해 도망하지 않았고, 책임을 회피하지 않았다. 그는 충성스러웠다. 그는 자신이 선택한 교회에 충성을 다했다. 그는 교회를 사랑했고, 그 법규를 지켰으며, 교회의 역사를 소중히 여겼고, 그 기관들을 보호했으며, 성인들과 지도자를 존경했다. 찬송가는 마음의 위안이었다.

영혼의 삶은 자신이 행한 수많은 경험들로 풍성해졌고, 교회의 신조는 그가 추구하는 영원한 희망의 확고한 기초가 되었다. 그는 교회의 발전을 위해 살았으며, 봉사와 헌신으로 일관했다. 그는 감리교회가 추구하는 복음주의적 기독교의 정신, 체제, 정책 등을 한국인에게 전해야 한다는 신성한 책무를 자각하고 있었다.

그는 자신을 구속한 진리에 언제나 진실했다고 할 수 있으며, 사랑하고 소중히 여긴바 쇠퇴하지 않고 오염되지 않은 믿음을 한국인에게 전해 주었다. 그는 교회에 충성한 것처럼 친구들과 조국, 그리고 유익한 사업에 충성을 다했다.

「은자의 나라 한국」의 저자 그리피스 목사가 아펜젤러 사망 10주기인 1912년 4월 발간물에 기고한 추모의 글

일찍이 은자, 즉 세상에 알려지지 않은 나라를 우리의 모든 선교 지역에서 가장 희망적인 곳으로 이루어 놓음으로써 한 세기 중 4분의 1의 전망속에 나타난 것을 볼 때, 아펜젤러의 삶이 그와 같은 것으로 생각된다.

오늘 본토의 기독교 신자들 중 1백만 명의 4분의 1에 해당하는 기도하는 자들이 빛나는 아침의 나라를 새로운 땅으로 만들 때 우리는 "영광이 나라에 있으라."고 기쁘게 소리치는 데 동참하리라.

1885년에 온 선구자들의 쟁기질과 써레질, 씨 뿌림과 노고, 위험과 아픔, 눈물어린 기도를 제외하면 오늘날 조선인들의 영혼의 추수를 이해하기는 지극히 어려울 것이다.

아펜젤러의 생애는 순회 설교 여행으로, 혹은 집에서의 연구와 학교, 교구 혹은 강단에서의 일과로, 언어 공부, 환자 방문, 죄수 위로, 임종자 돌봄, 삶에 영감 두기, 설교하기로 언제나 가득 채워졌다.

그는 위로의 아들이었다. 초기의 고된 경험과 그의 편지들에서 우리는 그의 풍부한 약속의 표현들과 계속되는 말들을 읽는다. 끊임없는 노력과 근면함, 기도, 훌륭한 아내, 행복한 가정, 인정 많은 형제들, 그리고 특히 그의 신앙의 확신이 그 모든 요소를 그와 잘 결합하도록 했으며, 그의 풍부한 유머감각은 하나님의 선물이었다. 아펜젤러의 기념비적 업적 중에 가장 큰 것은 신약성경 번역이다. 20만 명 이상의 열렬한 기독교 신자들이 공부한 하나님 말씀의 한글판 제작자들의 노고, 협의된 본문들, 학구적 토착민과 외국인들이 집필한 '선구자' 속의 상황이 생생하다.

아펜젤러는 신앙의 정통파적 관행에 따라 그의 삶도 정통파적 관례와 결합했다. 몹시 바쁜 활동 속에서도, 미신과 악습과의 싸움의 충격 속에서도, 하나님에 대한 그의 신앙은 언제나 잔잔했으며 때로는 온화하고 명랑했다. 병원들, 유자격 간호사들, 교회들, 탐구자들, 그리고 성찬대 앞의 수천, 아니 수만 명을 그는 살아서 보게 되었다.

드디어 대장에게서 소환장이 왔을 때 그의 훌륭한 태도와 대장의 얼굴을 마주 대하는 길은 "그는 다른 사람들을 구원했다."는 문장으로 요약되었다.

아펜젤러는 육체와 분리된 영혼만을 주장하며 그 영혼만을 개발하려고 시도하는 것, 또는 정신과 영혼의 집을 떠나 육체 안의 관리자로 전락하는 것은 불합리한 삶이라고 주장했다. 이는 성서의 가르침 면에서 볼 때에도 불건전한 것이라고 여겼다. 1885년부터 1890년까지 초기에 아펜젤러가 무슨 일이든 자신에게 닥치는 일을 다 해낼 수 있었던 것은 그가 만능인이기 때문이었다. "이리로 와서 우리를 도와주소서."라는 사도행전 16장 9절의 말씀처럼 그는 미개척지를 향하여 스스로 길을 발견하고 뚫고 나가는 사람이었다. 그에게 "먼저 상처 입은 사람을 도와주라."는 말은 바로 눈앞에서 무언가를 시급히 요구하고 있는 사람을 도와주라는 말과 다르지 않았다. 그것이 예상한 일이든 예상치 않았던 일이든 간에 그를 즉시 도와주는 것을 의미했다. 그가 처음에 부딪힌 문제는 결단코 바위를 깨부수거나 땅을 당장 갈아엎는 그런 일이 아니었다. 그래서 아직은 한 가지

방법만으로 힘을 쏟을 시기는 아니라고 생각했다. 조선말 선교, 성서 번역, 주석 작업, 기독교 문학의 창조, 교회 관리, 학문으로서의 신학 교육, 그리하여 후일 큰 문제로 자라는 세부적인 일들을 구체적으로 다루고 정리하는 작업들의 전문성을 요구하는 일들이 많았다. 조선어를 유창하게 하지 못하던 시절, 내적인 것 외에 외적인 활동 등도 준비하면서 여유 있는 시간을 보냈다. 그것은 아펜젤러가 여러 가지 면에서 새로운 도약을 위해 기분 전환하는 것을 의미하기도 했다. 그는 항상 도전하는 정신을 잃지 않았다.

아펜젤러는 잡지를 편집하고 발간하는 일을 위해서도 바쁜 나날을 보냈다. 이 시기야말로 그에게는 참으로 분주한 때였다. 그는 1897년 2월 2일 〈조선 그리스도인 회보〉를 창간하였는데, 이것은 후에 국호가 대한제국으로 바뀌면서 〈대한 그리스도인 회보〉라는 이름으로 매주 발행되었다. 또한 문명의 잡지인 월간지 〈코리언 리포지토리〉를 편집하고 발간하는 일에도 종사했었다. 1892년 1월에 창간한 기독교 선교 영문 잡지인데, 1892년 12월에 일시 휴간되었다가 1895년 아펜젤러와 헐버트가 복간하였다. 1899년 6월 통권 50호로 폐간하고 나중에 〈코리아 리뷰〉로 이어졌다.

그는 현명한 건축가로서 폭넓은 기초를 다졌고, 그 뒤에도 다른 사람들이 훌륭한 건축물을 지을 수 있도록 도왔다. 그는 또한 1890년 6월 25일에 창설된 기독교 서적 출판소인 대한기독교서회의 회장직을 맡았다. 이제 "무릇 네 손이 일을 당하는 대로 힘을 다하여 할지어다."라는 전도서 9장 10절의 말씀처럼 주님의 명령대로 순종하고 계획하고 충고하고 수행하는 데 협조했던 인물이다.

아펜젤러 가족

아펜젤러(Henry G. Appenzeller) : 선교사, 한국 서해에서 순직

엘라 닷지(Ella Dodge, 부인) : 한국에서 선교 활동, 미국에서 별세

앨리스 레베카(Alice Rebecca, 장녀) : 한국 선교사, 이화학당 초대 교장, 한국에서 별세

헨리 닷지(Henry Dodge, 아들) : 배재학당 교장, 한국 선교사, 건강 악화로 하와이에서 별세

아이다(Ida M., 차녀) : 한국 선교사, 연희전문학교 교수, 한국에서 별세

메리 엘라(Mary Ella, 삼녀) : 외국에서 거주, 미국에서 별세, 부군 대령(군인)

아펜젤러의 가족(1901년 6월)

아펜젤러 연보

1858년 2월 6일	미국 펜실베이니아 주 수더튼(Souderton)에서 출생, 농장을 하는 독일 루터교회 교인인 부모 밑에서 자람
1876년 10월 1일	"영적 생일" 임마누엘 장로교회 출석
1877년	웨스트체스터 주립 사범학교 졸업, 대학 준비하면서 교사로 지냄
1878년	펜실베이니아 주 랭커스터에 위치한 프랭클린앤드마샬대학(Franklin and Marshall College) 입학
1879년 4월 20일	랭커스터 제일감리교회에 등록, 선교 사업에 힘씀
1882년	프랭클린앤드마샬대학 졸업
	가을에 드류신학교(Drew Theological Seminary) 입학
1884년 12월 4일	갑신정변
12월 17일	엘라 닷지(Ella J. Dodge) 양과 결혼
12월 말	한국 선교사로 임명
1885년 1월	Drew 신학교 졸업(신학 석사)
2월 3일	미국의 태평양 우편선(The Pacific Mail)으로 샌프란시스코를 출발(스크랜튼, 스크랜튼 대부인, 아펜젤러 내외 승선)
2월 15일	주일 태평양 우편선 선상 예배
2월 27일	일본 요코하마 도착, 맥클레이 박사와 조우
3월 5일	동경 아오모리의 맥클레이 선교사 집에서 첫 조선선교사회 개회
3월 23일	일본 미쓰비시 기선회사의 한국행 기선으로 요코하마 출발(파울러 감독이 3월 31일 맥클레이 박사를 조선 선교 사업 관리자, 아펜젤러를 부관리자, 스크랜튼 대부인을 회계로 임명)
3월 28일	나가사키 도착
3월 31일	나가사키 출발(미국 북장로교회 선교사 언더우드, 테일러, 메사 스커드가 조선행 기선에 동승)
4월 2일	조선 부산항 도착과 상륙 후 부산에서 1박

4월 3일	부산 출발
4월 5일	부활주일 오후 3시 제물포항 상륙 후 상륙 기도
4월 5일 저녁	북장로교회 세 명의 선교사들 서울에 도착
4월 6일	제물포항에 입항해 있던 오시피호의 맥그렌시 선장 방문
4월 7일 오후 5시	제물포개항장 내 일본 영사관의 고바야시 영사를 방문
오후 6시	고바야시 일본 영사와 제임스 스코트 영국 영사가 아펜젤러를 방문
4월 10일	제물포 체류 6일째, 맥그렌시 선장이 아펜젤러를 두 번째 방문
4월 13일	제물포를 떠나 나가사키에 도착
5월 3일	윌리엄 벤튼 스크랜튼 선교사 단신으로 제물포에 도착하여 20일간 체류
5월 5일	제물포에서 조선 왕실병원 제중원의 알렌 장로교회 선교사가 의사 겸 선교사인 스크랜튼을 우연히 만나 제중원에서 함께 일할 것을 권유
5월 22일	스크랜튼 선교사가 서울로 들어가 제중원에서 의료 업무 수행 시작
6월 20일	스크랜튼의 연락을 받은 아펜젤러 부부가 스크랜튼의 가족과 함께 재입국을 위하여 제물포항에 도착
6월 23일	제물포에서 초가집을 25달러 지불하고 빌림
7월 7일	아펜젤러 부부가 미국에서 보낸 화물이 제물포에 도착, 오르간으로 "복의 근원 강림하사" 연주
7월 29일	제물포에서 38일을 체류한 후 당일 일몰 직전 서울 정동에 도착
8월	정동에 땅을 구입하여 영어 학교(배재학당 전신) 시작
10월 13일	개신교 최초의 성찬식 거행(외국인만 참석), 이 무렵 언더우드 목사와 함께 성경 번역 착수
11월 19일	첫딸 앨리스 출산
1886년 4월 25일	한국에서의 최초의 세례식 거행(스크랜튼의 딸 마리온(Marion), 아펜젤러의 딸 앨리스(Alice), 일본인 하야가와(Hayakawa Tetzya))
5월 11일	언더우드 목사의 고아원(경신학교 전신) 개원 기도 모임 참석
6월 8일	영어 학교(배재학교) 첫 학기 공식 개강
여름	서울에 콜레라 만연
7월 18일	언더우드 목사에 의한 한국인 최초의 세례식(노도사)에 참석하여 세례 보좌

11월 6일	선교사들의 Union Church 목사로 피선
1887년 2월 21일	고종황제가 "배재학당"이라는 이름을 하사
3월 14일	배재학당 현판식
4월 13일~5월 12일	평안도 지방 여행(평양까지)
	감리사(Superintendent)로 임명(~1892)
	상임 성서위원회 및 번역위원회 위원으로 성서 번역 사업 계속
	〈일본우편〉(The Japan Mail)의 조선국 특파원으로 지냄(~1892)
7월 24일	최초의 감리교인(박중상)에게 세례
9월	예배처소(벧엘교회) 구입, 배재학당 건물 준공식
10월 2일	두 번째 감리교인(한용경)에게 세례
10월 9일	조선인 최초의 공중 예배(정동벧엘교회)
10월 16일	조선 개신교 최초의 여신도(최씨 부인)에게 세례
10월 23일	조선인 최초의 성찬식
11월 16일	유니온교회 담임목사로 선임
12월 7일	조선 최초의 학생 기도회 모임
12월 25일	조선어로 첫 설교를 행함
1888년	배재학당 완공. 교장으로 이후 줄곧 봉사함
3월 11일	자택에서 주일학교 개교
3월 15일	최초의 기독교식 결혼식 주례
봄	언더우드와 함께 북부지방 여행(반기독교 칙령으로 소환)
10월	평안도 의주까지 전도 여행
가을	배재학당 산업부 설치, 배재 제본소 개설
1889년 8월	존스(Jones)와 함께 부산까지 전도 여행
1890년 1월	종로서점 개설
6월 25일	"대한성교서회" 회장으로 피선
1891년	제물포지방 상주 책임자로 임명
1892년 6월	안식년 휴가, 감리사직 사임(후임 스크랜튼), 이듬해 7월 귀국
1895년	존스(Jones)와 함께 월간지 〈한국유기〉(The Korean Repository)를 속간(~1898. 12.)
9월 9일	정동제일교회당 정초식 거행
1896년 8월	독립협회 창설

1897년	2월 6일	〈조선 그리스도인 회보〉(The Korean Christian Advocate)를 창간하고 편집인 맡음(~1901)
	8월 13일	독립협회 창립 1주년 기념식에서 연설
	12월 26일	정동제일교회 헌당 예배
1898년		서재필 퇴거로 윤치호와 함께 〈독립신문〉 편집
	3월 9~26일	평양 방문
	9월	블라디보스토크 여행(건강상 휴가)
	12월	감옥에 있는 이승만 도와줌
1900년		선교부 회계직 사임, 영국왕립협회 아시아지부 도서관 사서로 일함
	9월 9일	신약전서 완성 감사 예배
	9월 28일	안식년 휴가차 출발
	10월 1일	"24번째 맞는 영적 생일", 부친 사망(9월 8일) 소식 들음
	12월 22일	동남아시아와 유럽을 거쳐 미국에 도착, 〈북감리교회의 조선 선교〉 집필
1901년	6월 15일	아펜젤러 종친회 참석
1902년	5월	조선남지방 장로사로 임명
	6월 1일	무어(Moore) 감독과 함께 경기도 시흥 무지내교회 봉헌식 예배에 가던 중 일본인 철도 노동자들과 충돌
	6월 11일	성서번역위원회(실행위원 공독회)에 참석차 목포로 가던 중 선박충돌 사고로 하나님의 부르심을 입어 안식함

참고문헌

1. 이성삼, 한국교육도서출판사, 1977. 3. 2, 「감리교와 신학대학사 1975」

2. 이만열, 연세대 출판부, 1985. 5. 27, 「아펜젤러 한국에 온 첫 선교사」

3. 정동제일교회 백주년기념사업회, 1986. 10. 11, 「세기의 증언」

4. 배재대학교 출판부, 1995. 2. 20, 「헨리 G. 아펜젤러의 보고서」

5. 조성환 옮김, 배재대학교 출판부, 1995. 2. 20, 「질그릇의 보물 아펜젤러의 설교」

6. 인천내리교회, 1995. 12. 10, 「내리 110년사」(초기역사 1885~1903년)

7. 정동제일교회 역사편찬위원회, 1997. 11. 10, 「자유와 빛으로(화보)」

8. 정동제일교회, 1998. 12. 5, 「헨리 G. 아펜젤러 보고서 」

9. 정동제일교회, 1998. 12. 5, 「헨리 G. 아펜젤러 문건 」

10. 조성환 옮김, 도서출판 학사, 1999. 8. 20, 「아펜젤러 문서」

11. 한국인물사연구소, 이기순 편, 2003. 3. 31, 「기독대한감리회 인물사전」

12. 윤성렬, 학인사, 2004. 9. 20, 「도포 입고 ABC 갓 쓰고 맨손 체조」

13. 리진호, 도서출판 우물, 2006. 6. 30, 「아펜젤러와 조성규의 조난 사건」

14. 리진호, 도서출판 진흥, 2006. 7. 5, 「아펜젤러의 조난 사건」

15. 기독교대한감리회 정동제일교회, 2007. 12. 23, 「사진으로 보는 정동제일교회 120년」

16. 감리교신학대학교 역사화보편집위원회, 2008. 9. 29, 「"자유와 빛" 감신 120년의 발자취 - 감리교신학대학교 120주년 화보집」